ARBEITSTEXTE FÜR DEN UNTERRICHT

Logisches Argumentieren

Von Wolfgang Weimer

Philipp Reclam jun. Stuttgart

RECLAMS UNIVERSAL-BIBLIOTHEK Nr. 15056

Gesamtherstellung: Reclam, Ditzingen. Printed in Germany 2005
RECLAM, UNIVERSAL-BIBLIOTHEK und
RECLAMS UNIVERSAL-BIBLIOTHEK sind eingetragene Marken
der Philipp Reclam jun. GmbH & Co., Stuttgart
ISBN 3-15-015056-6

www.reclam.de

Inhalt

»Was für eine alberne Angelegenheit ist doch die Liebe«, sagte der Student im Weggehn. »Sie ist nicht halb so nützlich wie die Logik, denn mit ihr läßt sich nichts beweisen. Sie erzählt immer von Dingen, die niemals geschehen, sie macht einen glauben, was nie wahr sein wird. Wirklich – sie ist nicht brauchbar. Ich will wieder Philosophie studieren und Metaphysik. Heutzutage achtet man nur den, der praktisch zu sein weiß.«

Oscar Wilde: »Die Nachtigall und die Rose«

1.
Worum es geht

»Das ist logisch« – »das ist unlogisch«, hört man häufig während eines Gesprächs. »Das ist logisch« soll einen Gedanken bekräftigen, »das ist unlogisch« soll ihn bezweifeln. Logisch zu denken ist also ein Vorzug, während unlogisches Denken als ein Mangel gilt. Der Vorzug besteht darin, dass viele – vermutlich die meisten – Menschen auf Logik mit Zustimmung, auf Unlogik mit Ablehnung reagieren. Wer also Zustimmung für seine Gedanken sucht, wer andere Menschen überzeugen will, der sollte sich um logisches Denken bemühen und unlogisches Denken vermeiden. Darin liegt der Wert einer Beschäftigung mit Logik.

Diesen Vorteil erlangt man freilich nicht ohne weiteres, wenn man über Logik ein Buch von der Art liest, wie sie häufig auf dem Buchmarkt vertreten ist. Diese Art Bücher befasst sich teils mit einer wissenschaftlich betriebenen Logik, teils – wenn es sich um Einführungen handelt – beschränkt sie sich auf eine Darstellung der grundlegenden Schlussformen. Die wissenschaftliche Logik ist bemüht,

wissenschaftliche Fragen durch Analyse ihrer logischen Struktur zu präzisieren; die Einführung legt, etwa für Studenten, den Grund zu einer wissenschaftlichen Logik oder will auf die Lösung von Aufgaben vorbereiten, wie sie in Intelligenztests gestellt werden.
Beides geht an einem simplen Phänomen vorbei: Wir diskutieren mit Freunden über Politik, wir besprechen mit unserem Chef eine Verkaufsstrategie, wir schreiben Prüfungsarbeiten, wir unterhalten uns nach dem Kinobesuch über einen Film – und bei all dem verwenden wir Argumente, die überzeugend sind oder nicht, denen unser Gesprächspartner zustimmt oder nicht. Das heißt: Wir benötigen *im Alltag* logisches Denken, und *dort* müsste Logik ihren Wert beweisen.
Das vorliegende Buch möchte diesem Bedarf entgegenkommen. Wo tauchen in unserem täglichen Leben logische Probleme auf? Um welche handelt es sich? Und wie kann man sie lösen? Ausgangspunkt aller Überlegungen sollen daher hier Situationen sein, denen man nicht bei wissenschaftlicher Forschung, nicht in Seminaren und Vorlesungen begegnet, sondern im täglichen Umgang mit Menschen, mit Werbung oder Nachrichten, mit Konflikten. Die Themen, auf die man dabei stößt, sind durchaus vielfältig, so vielfältig wie das Leben. Aber das Interesse, das Sie dabei verfolgen, besteht nicht darin, eine Klausur über Logik zu schreiben, eine gute Note zu erhalten, sondern im Gespräch über all die Themen, mit denen Sie sich befassen, besser zu bestehen. Auch und gerade hier sollte sich die Beschäftigung mit Logik lohnen.

Zunächst: Was genau ist eigentlich Logik? Ich nehme an, dass Ihnen dies am Ende des Buches deutlicher sein wird, als ich es hier in einer Einleitung aufzeigen kann. Aber ein kurzer Abriss sollte doch am Anfang stehen.
Es gibt im Grunde keine einheitliche Definition von Logik. Man kann aber doch einen engeren von einem weiteren Sinn dieses Begriffs unterscheiden. Im engeren Sinne wird

Logik definiert als die Lehre vom formal richtigen Schließen. Man schließt bzw. zieht einen Schluss, indem man aus bestimmten Voraussetzungen eine Aussage ableitet. Soll diese Ableitung logisch richtig sein, dann muss sie gemäß bestimmten Regeln erfolgen. In diesem Sinne ist die Ableitung formal, und das heißt: *Wenn* die Voraussetzungen wahr sind, *dann* muss auch die Schlussfolgerung wahr sein. Die formale Richtigkeit des Schlusses garantiert also eine Wenn-dann-Beziehung von Wahrheiten. Ein solcher Schluss besagt aber nichts darüber, *ob* die Voraussetzungen wahr sind; das muss vielmehr auf andere Weise entschieden werden. Falls die Voraussetzungen nicht wahr sind, dann ist es – auch bei einem formal richtigen Schluss – die Schlussfolgerung ebenso wenig. Also: Sie können von höchst fragwürdigen, sogar von falschen Voraussetzungen ausgehen und dennoch daraus eine logische Schlussfolgerung ziehen.

Und umgekehrt können Sie von den schönsten und wahrsten Voraussetzungen ausgehen, und dennoch ist vielleicht die Schlussfolgerung, die Sie daraus ziehen, nicht logisch.

Und schließlich können Sie nicht nur von falschen Annahmen ausgehen, sondern dann auch obendrein noch einen Fehler im logischen Schließen begehen.

Wir müssen, genau besehen, *vier* verschiedene Möglichkeiten in Betracht ziehen:

1. Eine korrekte Schlussfolgerung aus wahren Voraussetzungen: dann muss das Ergebnis wahr sein.
2. Eine korrekte Schlussfolgerung aus zweifelhaften oder gar falschen Voraussetzungen: dann ist das Ergebnis formal richtig gewonnen, inhaltlich aber zweifelhaft oder falsch (unwahr).
3. Eine nicht korrekte Schlussfolgerung aus wahren Voraussetzungen: dann *kann* das Ergebnis (zufälligerweise) wahr sein, obwohl die Schlussfolgerung wegen eines formalen Fehlers nicht gültig ist.
4. Eine nicht korrekte Schlussfolgerung aus falschen Voraussetzungen; dass am Ende ein wahrer Satz steht, wäre dann purer Zufall.

Das wirkt zunächst sehr verwirrend, und deshalb müssen wir sehen, wodurch sich diese Möglichkeiten unterscheiden.
Hierfür einige Beispiele:

Fall 1
Wenn im Frühjahr die Tage länger werden
und wenn es jetzt Frühjahr wird,
dann werden jetzt die Tage länger.

Hier wird man (je nach Jahreszeit) sagen: Die Voraussetzungen stimmen, die Schlussfolgerung ebenso.

Fall 2, Beispiel a
Wenn kein Mensch ohne Arbeit sinnvoll leben kann
und wenn ein reicher Erbe ein Mensch ist,
dann kann auch ein reicher Erbe …

Hier könnte man bei dem, was nach dem ersten ›wenn‹ kommt, leise Zweifel anmelden, beim zweiten ›wenn‹-Satz hingegen nicht. Aber *wenn* kein Mensch ohne Arbeit sinnvoll leben kann und *wenn* ein reicher Erbe ein Mensch ist, dann empfindet man eine Art inneren Zwang, auch dem zuzustimmen, was auf das ›dann‹ folgt. Hier deutet sich ein Unterschied an zwischen formaler Richtigkeit und inhaltlicher Wahrheit, der an folgendem Beispiel noch deutlicher wird:

Fall 2, Beispiel b
Wenn Gott das Universum geschaffen hat
und wenn die Bewohner des Sirius Teil des Universums sind,
dann hat Gott auch die Bewohner des Sirius geschaffen.

Auch diese Schlussfolgerung ist formal korrekt. Das heißt: *wenn* … und *wenn* …, *dann muss* … gelten. Aber *ob* es ei-

nen Gott gibt, der das Universum geschaffen hat, ist keineswegs sicher; und ob der Sirius – ein sehr heißer Stern immerhin – Bewohner beherbergt, darf man erst recht bezweifeln.
Hoffentlich noch deutlicher wird der Sachverhalt bei einem Schluss, dessen Voraussetzungen offenbar inhaltlich falsch sind:

Fall 2, Beispiel c
Wenn New York in Florida liegt
und wenn New York die Hauptstadt der USA ist,
dann liegt die Hauptstadt der USA in Florida.

Hieran ist nun inhaltlich wirklich alles falsch ... und dennoch ist der Schluss *formal* korrekt. Eine Wenn-dann-Beziehung kann auch in dem Falle bestehen, dass die mit ›wenn‹ versehenen Aussagen nicht zutreffen. »Wenn Sie dieses Buch stehlen und wenn der Händler Sie erwischt, dann zeigt er Sie an« besagt nichts darüber, *ob* Sie dieses Buch stehlen und *ob* er Sie erwischt, falls Sie es tun.
Betrachten wir nun ein Beispiel für einen formal ungültigen Schluss, dessen einzelne Sätze dennoch wahr sind:

Fall 3
Wenn Menschen Säugetiere sind
und wenn Kaninchen Säugetiere sind,
dann sind auch Mäuse Säugetiere.

Dass Mäuse Säugetiere sind, trifft zwar zu, aber es *folgt nicht* aus den (ebenfalls zutreffenden) Aussagen, dass sowohl Menschen als auch Kaninchen Säugetiere sind; es ist vielmehr *zufällig* wahr.
Die letzte Möglichkeit, falsche Voraussetzungen und zusätzlich auch noch ein formaler Schlussfehler, vertritt das folgende Beispiel:

Fall 4
Wenn alle Männer Schweine sind
und wenn alle Schweine ausgemerzt werden sollten,
dann sollte man auch keine Koteletts essen.

Dass alle Männer Schweine seien, ist sicherlich eine Verallgemeinerung und daher in dieser Form nicht wahr. Dass alle Schweine ausgemerzt werden sollten, ist für die betroffenen Tiere ebenso wie für die mit ihnen gleichnamigen Männer wohl zu hart. Ob man keine Koteletts essen sollte, ist fraglich. Mit den Voraussetzungen, aus denen es hier abgeleitet wird, hat es jedenfalls nichts zu tun. Diese Form (4) ist offensichtlich die wirrste von allen und klingt nach ein paar Gläsern Bier zu viel.

An diese Überlegungen lassen sich nun zahlreiche Fragen anknüpfen, wie zum Beispiel die: Worin genau besteht denn nun die formale Richtigkeit eines Schlusses? Besteht ein gültiger Schluss immer aus genau drei Sätzen (wenn 1 und wenn 2, dann 3)? Gibt es solche logischen Schlüsse nur bei Äußerungen über Sachverhalte oder auch bei bewertenden Bemerkungen, bei Frage- und Befehlssätzen?
Solche Fragen führen uns tiefer hinein in eine wissenschaftliche Auseinandersetzung mit der Logik, die aber ja hier nicht das eigentliche Thema sein soll. Wenn wir uns mit der Frage befassen, welche Rolle die Logik in unserem alltäglichen Denken spielt, und wir dazu Situationen aufsuchen, in denen das der Fall ist, dann werden vielleicht auch einige dieser Fragen beantwortet werden können. Aber es soll nicht im Zentrum stehen.

In einem weiteren Sinn des Wortes befasst sich Logik nicht nur mit der formalen Struktur von Schlüssen. Wir verstehen dann Logik als Gesprächskunst. Das entspricht sogar der Herkunft des Wortes ›Logik‹ aus dem Griechischen: ›logos‹ bedeutet nicht nur die kalkulierende, rechnende und schließende Vernunft (d. h. Logik im engeren Sinne), sondern auch Wort, Rede (d. h. Logik im weiteren Sinne). Eine solche Gesprächskunst hat es auch mit der Art zu tun, wie wir an unsere Voraussetzungen kommen (das, was auf das ›wenn‹ folgt, aus dem wir den Schluss ziehen). Sie hat damit zu tun, wie wir überhaupt eine Voraussetzung identifizieren und wie wir sie kritisieren können. Ferner damit, wie man sich gegen Kritik absichern und wie man seinerseits eine solche Absicherung durchbrechen kann. Welche typischen Fehler man machen, welche Tricks man im Gespräch benutzen und wie man sie durchschauen kann. Und schließlich sollte eine Gesprächskunst sich auch damit befassen, wo die Grenze logischen Denkens liegt, von der an ein logischer Einwand unpassend, vielleicht sogar peinlich wäre. Schließlich wird ein Mensch, der auf die Bitte »Ich habe schreckliche Schmerzen – bitte hilf mir!« mit »Begründe deine Forderung!« reagiert, bald ein sehr einsamer Mensch sein.

Entsprechend unserem Bedarf im Alltag werde ich mich hier nicht auf den engeren Sinn von Logik beschränken, sondern bemühen, *alle* Aspekte zu behandeln, die in Gesprächen, wie wir sie täglich führen können, eine Rolle spielen können.

Damit nicht der Eindruck entsteht, Alltag sei immer etwas Banales: Man sollte nicht davon ausgehen, dass alltägliche Gespräche sich auf den Nährwert von Nudeln und die Auswahl des Fernsehprogramms beschränken. Ein ›normaler Mensch‹ hat durchaus weitere Interessen. Er hat einen Beruf, er hat Kollegen, er liest die Zeitung, debattiert mit Freunden, geht ins Kino oder ins Theater. Und dabei werden weit mehr Themen angeschnitten, als man sie beim Kochen oder bei »Wetten dass?« kennen lernt. Schließlich hat *jeder* Mensch Konflikte mit anderen, hat eine Einstellung zu politischen Fragen, geht in die Kirche oder tut es aus bestimmten Gründen nicht, muss sich mit Krankheit und Tod auseinander setzen. Scheuen wir also solche Fragen nicht, wenn wir überlegen, wie man sich auf logische Weise mit Themen befasst!

2.
Zwingen – Überreden – Überzeugen

Dass Menschen verschiedener Ansicht sind, ist eine alltägliche Situation. Ansichten hängen oft (vielleicht sogar immer) damit zusammen, wie wir handeln sollen oder wollen. Wenn jemand zu einem anderen Menschen sagt: »Du solltest das Rauchen aufgeben; dein Husten gefällt mir gar nicht«, der andere aber erwidert: »Ach, das Husten ist nur eine Erkältung. Das Rauchen werde ich deswegen nicht aufgeben«, dann besteht eine Meinungsverschiedenheit. In vielen Situationen mag man es nun dabei bewenden lassen und Toleranz praktizieren; in anderen Fällen aber wird zumindest einer der Gesprächspartner eine Entscheidung der Meinungsverschiedenheit wünschen, z. B. dass der Partner sein Verhalten ändert. Natürlich gibt es auch Fälle, in denen eine Entscheidung über Verhalten getroffen werden *muss*. Man kann hier im Bereich der Wirtschaft an Verkaufs- und Marketingstrategien denken, in der Kindererziehung an die Auswahl einer weiterführenden Schule, in einer Partnerschaft an Meinungsverschiedenheiten über den Urlaubsort, im Rechtswesen an den Richter, der ein Urteil zu fällen hat. Eine Entscheidung muss getroffen werden – das heißt: am Ende muss *ein gemeinsames Verhalten mehrerer Beteiligter* stehen. Wie kann dieses nun erreicht werden?

1. Das gemeinsame Verhalten kann durch **Zwang** erreicht werden. Direkte physische Gewalt ist zwar in zivilisierten Kreisen verpönt, kommt aber natürlich vor. Weniger auffällig, wenn auch nicht weniger unsympathisch ist die emotionale oder finanzielle Erpressung: »Wenn du X nicht tust, dann werde ich darauf mit Y reagieren!«, wobei Y eine für das Opfer große Unannehmlichkeit bedeutet: Liebesentzug, materielle Not oder Ähnliches. Beiden Verfahren ist gemeinsam, dass zwar am Ende der andere tut, was

ich will, aber er es nicht freiwillig tut, sondern nur aus *Angst* vor physischer, emotionaler oder materieller *Gefahr.* Dies hat zur Folge, dass er bestrebt sein wird, möglichst schnell zu seinen eigenen Antrieben zurückzukehren, sobald nämlich mein Zwang, die Gefahr und seine Angst enden. Verliere ich meine Macht über ihn oder lasse ich mit meinem Druck nach, schwindet seine Angst oder lässt sich die Gefahr auf andere Weise abwenden, kehrt der andere zu dem Verhalten zurück, das er bevorzugt. Zwang, wo er spürbar wird, erzeugt bei vielen Menschen geradezu einen Widerwillen, einen Widerstand, der nur nach der Möglichkeit sucht, der erzwungenen Haltung zu entgehen. Insofern – und ganz abgesehen von der strafrechtlichen und moralischen Fragwürdigkeit – stellt der Zwang kein ideales Mittel dar, gewünschtes Verhalten zu erzeugen. Sein Vorzug liegt freilich oft darin, relativ *schnell* zu funktionieren. Man macht bei diesem Vorgehen nicht viel Umstände und spart sich langes Reden.

2. Eine Alternative dazu bildet das **Überreden**. Durch eindrucksvoll gewählte Worte, durch Erregen von Mitleid, Begeisterung oder Bewunderung, durch Appellieren an Autoritäten und hohe Werte kann man einen anderen Menschen dazu bewegen, den eigenen Standpunkt zu übernehmen. Abwägende Argumente und prüfende Überlegungen sind dazu nicht erforderlich, ja für den Effekt (der ja nicht aus dem kritischen Nachdenken folgen soll) eher hinderlich. In reiner Form findet man dieses Überreden oft bei Predigern und Politikern. Ein schönes Beispiel bietet der Apostel Paulus, wobei schon der Anfang seines ersten Briefes (an die Korinther) die wesentlichen Elemente erkennen lässt:

Paulus, durch Gottes Willen berufener Apostel des Messias Jesus, und Bruder Sosthenes an die Gemeinde Gottes in Korinth. Von Gott, unserem Vater, und von Jesus Christus, unserem Herrn, überbringen wir euch Gnade und Heil. Ihr seid durch Jesus Christus als Heilige berufen und Got-

tes Eigentum und dadurch mit uns und mit allen auf dieser weiten Erde, die, wenn sie zu Gott beten, den Namen unseres Herrn Jesus Christus nennen, in Gemeinschaft verbunden. Unaufhörlich danke ich Gott für euch, dass er euch durch Jesus Christus in Gnaden aufgenommen hat. Durch ihn seid ihr reich geworden, so dass ihr geistlich reden und die Wahrheit erkennen könnt. Gleichzeitig hat sich die Botschaft von Christus in euch gefestigt. Euch fehlt also keine Gabe des Geistes, und vielfältig beschenkt erwartet ihr die Wiederkunft unseres Herrn Jesus Christus. Gott wird euch weiter im Glauben festigen, damit ihr am Ende den Tag der Wiederkunft unseres Herrn Jesus Christus bestehen könnt. Das gebe euch der treue Gott, der euch berufen hat in die Gemeinschaft mit seinem Sohn Jesus Christus, unserem Herrn.[1]

Verkündet wird die Erkenntnis der »Wahrheit«, die im Glauben angenommen werden soll, und diese Wahrheit lässt sich gut hören: Die Adressaten haben »Gnade und Heil« zu erwarten, sind »als Heilige« berufen und dürfen sich als Erwählte fühlen am »Tag der Wiederkunft unseres Herrn«. Diese Botschaft klingt sehr gut, ist aber hinreichend unbestimmt und kann nicht näher überprüft werden – soll es wohl auch nicht, denn es geht nicht um Überprüfung, sondern um die ›Festigung im Glauben‹. Was aber sichert und stützt diesen Glauben? Kein Argument, wie gesagt, sondern die Berufung auf Gott und die Autorität seines Gesandten Jesus Christus, auf den Paulus schon in diesem kurzen Auszug nicht weniger als achtmal verweist. Hier wird Lesern bzw. Hörern eine respektable Instanz geradezu eingehämmert, die keine andere Gewähr bietet als eben sich selbst ... und den Glauben. Was denen winkt, die nicht mitziehen, wird eher zart angedeutet: Schließlich sind wir »Gottes Eigentum«, und offensichtlich werden nicht alle am »Tag der Wiederkunft unseres Herrn Jesus Christus bestehen« können. Dabei kann man sich arge Dinge denken.

Wohlklingende Versprechen, gestützt auf eine sehr oft wiederholte Autorität, sowie die Andeutung von Drohungen sollen die gewünschte Haltung erzeugen. Die Wirkung solcher Methoden darf man nicht unterschätzen, denn bevor die christliche Theologie sich mit der griechischen Philosophie gepaart hat, standen ihr offensichtlich keine anderen Mittel als diese zur Verfügung. Und dennoch (oder deswegen?) war die Botschaft erfolgreich. Das ganze Neue Testament enthält keine eigentlichen, logischen Argumente, und sie sind auch in den heiligen Schriften der anderen Religionen[2] äußerst selten. Man kann wohl sagen: Wo Gläubige Glauben predigen, dort ist die Domäne des Überredens. In dieser Hinsicht darf man sich auch durch häufigen Gebrauch von Worten wie ›weil‹, ›deshalb‹ u. ä. nicht irreführen lassen, die vielleicht nur den Eindruck erwecken sollen, der Sprecher bringe jetzt ein Argument an.

Als einen weiteren Bereich, in dem das Verfahren der Überredung zur Anwendung kommt, habe ich schon den der Politik erwähnt. Auch hier soll Verhalten durch Einsatz rhetorischer Mittel beeinflusst werden. Die Skepsis der meisten Politiker gegenüber der Fähigkeit von Menschen, Argumente kritisch zu würdigen, ist zu groß, als dass es anders sein könnte. Dies ist eine seit der Antike bekannte Klage, und sie kann keineswegs nur gegen demagogische Diktatoren, sondern auch gegen demokratische Politiker erhoben werden. Umso mehr, seit die Methoden des Marketings in die Wahlkämpfe Einzug gehalten haben. Untersuchen wir auch hierzu ein Beispiel, und zwar eines, das nicht einmal aus einem Wahlkampf, wohl aber aus einer in der Öffentlichkeit geführten politischen Auseinandersetzung hervorgegangen ist. Gehalten wurde diese Rede vom Vorsitzenden der CDU/CSU-Fraktion im Deutschen Bundestag, Dr. Barzel, nach dem Besuch des Bundeskanzlers Willy Brandt in Erfurt (in der damaligen DDR):

Wir wollen Frieden nicht auf dem Papier, sondern in der Wirklichkeit. Und Frieden, das ist nicht nur eine Sache des Fernseins von Krieg. Frieden ist da am sichersten, wo sich jedermann ungehindert aus allen Quellen informieren kann, wo er ebenso seine kritische Meinung sagen darf. Denn wo es so bestellt ist, ist Krieg unmöglich, weil kein Platz mehr ist für Volksverhetzung und Demagogie. Friedenspolitik *muss also die* Freizügigkeit der Ideen, *der Informationen, der Meinungen und der Menschen zum Ziel haben. Wir sind gegen Formeln und für Lösungen [...], wir sind gegen Klischees und Rechthaberei, und wir sind dafür, jede Chance wahrzunehmen.*
Der Herr Bundeskanzler hat das Erfurter Gespräch als einen Beginn bezeichnet, und er hat in Erfurt und vorher – was sein gutes Recht ist – viel Grundsätzliches dazu gesagt. Dazu bestand und besteht auch Anlass. Denn dieser historische Vorgang wirft doch die Frage auf, wie wir unsere Staatlichkeit *und unsere* geschichtliche Kontinuität *begreifen.*
Eine Nation, die aufhört, ihre Einheit *zu wollen, gibt sich selbst auf.*
Eine Demokratie, die sich darauf einlässt, über Preise zu diskutieren, zu denen das Selbstbestimmungsrecht *zum Handlungsobjekt werden könnte, gibt sich selbst auf.*
Ein Rechtsstaat, der geltendes Recht *als politisch hinderliche Zwirnsfäden abtut, hört auf, Rechtsstaat zu sein.*[3]

Dieser Auszug einer politischen Rede ist nicht Demagogie in Reinform, denn sie enthält ein echtes Argument, nämlich wo Barzel einen Zusammenhang zwischen Friedenspolitik einerseits und Informations- und Kritikfreiheit andererseits herstellt. Man erkennt den argumentativen Charakter gut an dem Gebrauch von ›denn‹ und ›weil‹ – Worte, die in der Regel im Zusammenhang mit Begründungen verwendet werden. Man kann die drei Methoden des Überredens, des Überzeugens und sogar des Zwangs also durchaus miteinander kombinieren.

Auf der anderen Seite aber sind auch die für das Überreden kennzeichnenden Elemente deutlich. Der Redner beginnt mit einem Bekenntnis zum »Frieden«. Und zwar »Frieden nicht auf dem Papier, sondern in der Wirklichkeit«. Wer wollte ihm da widersprechen? So zieht man zunächst die Zuhörer auf seine Seite. Es folgt der Appell an weitere Werte wie »unsere Staatlichkeit«, »geschichtliche Kontinuität«, »Nation«, »Einheit«, »Demokratie« und »Rechtsstaat«. Hier wird vorausgesetzt, dass bei den Zuhörern das Gefühl spontaner Zustimmung entsteht, wenn sie diese Schlagworte hören. Sie dienen nicht der Problemanalyse, sie werden nicht in ihrer Bedeutung geklärt, vielmehr symbolisieren sie *Werte*, die Emotionen wecken. Die Drohung mit entsprechenden Gefahren, die für Einheit, Demokratie und Rechtsstaat bestehen, ergänzt die Wirkung, indem nicht nur ein Gefühl *für etwas*, sondern auch ein Gefühl *gegen etwas* erzeugt wird. Die stilistischen Wiederholungen in der Art einer Litanei übernehmen die Funktion des Einhämmerns oder – vorsichtiger formuliert – des erleichterten Sich-Einprägens, welche im Brief des Apostels Paulus der häufigen Nennung Jesu Christi zukommt. Dass hier an die Stelle einer Berufung auf die Autorität einer Person die Berufung auf die Autorität von Werten tritt, ist eher zufällig. Das hängt davon ab, ob eine solche persönliche Autorität für das anstehende Problem existiert: Gott oder ein Staatsgründer, ein Märtyrer oder ein Held.
Wir können als wesentliche Elemente des Überredens festhalten:

- Berufung auf Werte,
- Berufung auf eine Autorität,
- Drohung mit einer Gefahr,
- Verheißung einer Hoffnung,
- häufige Wiederholung.

Ein dritter Bereich, in dem das Überreden dominiert, ist der der Werbung, des Marketing. Man braucht hierzu nicht viel zu sagen – es lässt sich beinahe an jedem Werbespot im Fernsehen zeigen. »Ich bin kürzlich Millionär geworden, und Sie können das auch«, verkündet ein strahlender Mann in die Kamera. Verheißung. Schnitt. Ein zweiter Mann: »Ich bin kürzlich Millionär geworden, und Sie können das auch.« Wiederholung, wortwörtlich. Schnitt. Ein dritter Mann: »Ich bin kürzlich Millionär geworden, und Sie können das auch.« Jetzt haben wir es verstanden. Aber *wie* können wir Millionär werden? Nun muss der Name des Lotto-Unternehmens eingeblendet werden.

Ein zusätzliches Element, das in der Regel sowohl mit dem Zwang als auch mit dem Überreden verbunden ist, tritt in der Werbung besonders deutlich hervor: Die Kommunikation ist eine Einbahnstraße. Einer redet, fordert, wirbt – agiert; der andere hört zu, gehorcht, glaubt, kauft – reagiert. Die erstrebte Aktivität des Gezwungenen oder Überredeten folgt erst später.

Nehmen wir als weiteres Beispiel die typische Werbung für Zahnpasta, in der man sogar alle genannten Elemente des Überredens findet:

- den Wert: Gesundheit;
- die Autorität: einen durch einen weißen Kittel als solchen ausgewiesenen Experten (Forscher, Arzt);
- die Gefahr: Karies und Parodontose;
- die Rettung: die neue Zahnpasta;
- die Wiederholung: man schaltet den Spot häufiger, oft kurz hintereinander;
- die Verteilung von Aktivität und Passivität hinsichtlich der vertretenen Ansicht: der eine wirbt, der andere glaubt.

Der Vorzug dieses überredenden Vorgehens liegt auf der Hand: Die beim Zwang so schädigende Unfreiwilligkeit entfällt und damit auch die Neigung des anderen, sich bei nächstbester Gelegenheit dem alten Standpunkt wieder hinzugeben, ja Widerstand zu leisten. Solange der Effekt anhält, wird der Überredete bei der Stange bleiben. Natürlich ist ein solches Vorgehen besonders wirksam, wenn es bei Menschen bereits in früher Jugend angewandt wird – weshalb sowohl Glaubensgemeinschaften als auch politische Systeme stets danach trachten, das Erziehungssystem unter ihre Kontrolle zu bringen. Kinder nämlich gelten – nicht zu Unrecht wohl – als noch nicht besonders festgelegt in ihren Überzeugungen, daher als gut beeinflussbar und wenig im Stande, Widerstand aus vernünftiger Überlegung zu leisten. Gut kombinierbar ist eine solche Methode mit dem Verfahren der Immunisierung gegen Kritik, wie es in Kapitel 7 behandelt werden soll.

Auf der anderen Seite beinhaltet das Überreden auch große Nachteile. Und wie alle Nachteile bestehen auch diese hier in den Vorzügen der konkurrierenden Verfahren. Da das Überreden an Emotionen appelliert, ist es anfällig gegenüber denjenigen, die Zwang anwenden und sich an die vermutlich stärkste aller Emotionen halten: die Angst. Außerdem funktioniert Zwang schneller; jemanden zu überreden oder gar zu überzeugen erfordert oft viel Zeit. Durch Zwang andererseits kann man wohl kaum zur Änderung einer Ansicht, sondern nur zur Änderung eines Verhaltens bewogen werden. Da ist das Überreden ein Vorteil. Und: Der Zwang wirkt nur, solange er ausgeübt wird: ein weiterer Pluspunkt für das Überreden, bei dem am Ende das »Opfer« ja nicht nur sein Verhalten, sondern auch seine Ansicht geändert hat.

Im Vergleich zum Zwang schneidet das Überreden also nicht immer, aber doch gelegentlich und in mancher Hinsicht schlechter ab. Weit unangenehmer ist für das Überreden der Vorteil, den das Überzeugen zu bieten hat.

3. Das **Überzeugen** verzichtet, jedenfalls in seiner reinen Form, auf emotionale Effekte wie Verheißung und Drohung, die Berufung auf Autoritäten und die Eindringlichkeit der rituellen Wiederholung. Und es verzichtet auch auf den Zwang der Gewaltanwendung und -drohung. An deren Stelle tritt hier etwas anderes: die Argumentation. Was kennzeichnet eine Argumentation?

• Sie wendet sich an einen Gesprächs*partner*, d. h., sie behandelt den anderen nicht als jemanden, der unterlegen ist und Angst haben soll, sondern als ein zumindest im Prinzip gleichberechtigtes, vernünftiges Wesen. Dies drückt sich vor allem darin aus, dass es sich um ein Gespräch, einen Dialog handelt, in dem Aktivität von beiden Seiten ausgeht. – Sowohl beim physischen und emotionalen Zwang als auch bei der Überredung verhält sich hingegen eine Seite aktiv, die andere passiv.
• Sie erstrebt eine Übereinstimmung nicht nur des Verhaltens, sondern auch des Denkens hinsichtlich der in Frage stehenden Sache. – Dies unterscheidet die Argumentation vom physischen und emotionalen Zwang, nicht so sehr von der Überredung.
• Sie geht von Überzeugungen aus, die von beiden Seiten akzeptiert werden. – Auch dies kann ähnlich für das Überreden gelten. Allerdings braucht die Zustimmung keine emotionale zu sein, und sie kann, wenn Grund dazu besteht, jederzeit gekündigt werden, um auch diese Überzeugungen in die Argumentation einzubeziehen. Dass dann für die erweiterte Argumentation andere Überzeugungen zu Grunde gelegt werden müssen, ist ein Problem, auf das noch eingegangen werden soll (Kapitel 4). Jedenfalls gibt es keine Argumentation ohne vorausgesetzte Übereinstimmung.
• Auf der Grundlage von gemeinsamen Überzeugungen wird zu einer Sachfrage eine Behauptung formuliert, für die im weiteren Verlauf argumentiert werden soll und die vom Gesprächspartner bestritten wird oder doch bestritten werden kann.
• Für die formulierte Behauptung werden dann die Argumente vorgebracht. Diese haben, wenn sie einleuchtend sind, die Eigenschaft, eine Art ›logischen Zwang‹ auszuüben. Der ›logische Zwang‹ unterscheidet sich vom physischen bzw. emotionalen dadurch, dass er gerade dann entsteht, wenn der Gesprächspartner Argumente prüft, also darüber nachdenkt. »Das leuchtet mir ein« oder »Ich muss

das zugeben« sind kennzeichnende Reaktionen auf ein überzeugendes Argument.

- Der Gesprächspartner darf Einwände erheben, darf seinerseits argumentieren. Es kommt zu einem Wettstreit um die besseren Argumente. Bei diesem Wettstreit müssen die Argumente des anderen auch zur Kenntnis genommen und diskutiert werden.
- Am Ende steht, falls die Argumentation gelungen ist, eine Änderung nicht nur des Verhaltens, sondern auch der Überzeugungen, auf denen das Verhalten beruht. Wegen der Wechselseitigkeit des ganzen Vorgangs kann diese Änderung auf beiden Seiten erfolgen. Es ist keineswegs immer so, dass der Behauptende mit seiner Ansicht ungeschoren durchkommt. Vielleicht hat er seinen Gesprächspartner vollständig überzeugt – was in der Praxis eher selten ist; vielleicht ist er nur mit einem Teil seiner Ansicht durchgedrungen, während sich im Übrigen der andere behauptet hat.
- Der eigentliche ›Sieg‹ in diesem Wettstreit besteht also nicht so sehr darin, den anderen von der eigenen Sache überzeugt zu haben; er besteht eher darin, eine *Sache* besser zu verstehen, klarer zu sehen, der Wahrheit – ein großes Wort! – ein Stück näher gekommen zu sein.

Ich möchte auch hierfür ein Beispiel geben – diesmal ein erfundenes:

A: Du solltest mich nicht immer so anbrüllen, wenn ich mal beim Spülen Geschirr fallen lasse! Das ist die Behauptung, um die es gehen wird.
B: Aber wir haben kein Geld, um uns ständig neues Geschirr zu kaufen. Da rege ich mich halt auf. Das ist der Gegenstandpunkt; aber er wird nicht gebrüllt – der andere äußert ein erstes Argument und nimmt also das Gesprächsverfahren an.
A: Klar haben wir wenig Geld, und ich gebe mir ja auch Mühe aufzupassen. Aber wenn du mich anbrüllst, macht

mich das nervös und unsicher. Also lasse ich noch mehr fallen. Dies ist ein erstes Argument von A. Dahinter steckt eine gemeinsame Überzeugung: Um zu sparen, sollten wir möglichst wenig Geschirr zerbrechen. Das Argument lautet dann: Wenn du nicht brüllst, kommen wir diesem Ziel näher, als wenn du brüllst.
B: Das mag sein. Aber du musst auch verstehen, wenn ich mich aufrege. Ich kann nicht immer so kühl und sachlich bleiben. B. macht ein wichtiges Zugeständnis: mein Verfahren ist nicht sehr erfolgreich. Aber ist es nicht menschlich verständlich? Das ist ein Gegenargument.
A: Ich glaube, du solltest auch einmal mich verstehen. Willst du etwa angebrüllt werden, wenn du mal einen Fehler machst? Kürzlich hast du zum Beispiel den Wagen am Garagentor verkratzt. Hat die Reparatur etwa kein Geld gekostet? Oder habe ich dich da angebrüllt? A. beruft sich mit diesem Argument erneut auf eine – erhoffte – gemeinsame Überzeugung: Behandele die anderen Menschen so, wie du selber behandelt werden willst. Ein starkes Argument, denn es stützt sich auf eine weit verbreitete Überzeugung; wer von ihr abweicht, stellt in einem ganz grundlegenden Sinne eine Beziehung auf der Basis von Gleichheit in Frage. Jetzt kommt's drauf an!
B: Das stimmt natürlich. Ich muss mich wohl stärker beherrschen. Geklappt! Das Argument war wirksam, Einsicht und Übereinstimmung sind erreicht.

Man muss zugeben: Diese Erklärung des Argumentationsverfahrens ist idealisiert. Dies ist nicht nur deshalb der Fall, weil im Alltag emotionaler Zwang, Überreden und Überzeugen oft gemischt auftreten. Vielmehr hat auch dieses Verfahren seine Schwächen, die nicht nur darin bestehen, dass es langwieriger ist. Die Idealisierung verdeckt vor allem zweierlei:
1. In aller Regel will ein Gesprächspartner seine eigene Ansicht durchsetzen. Dass er am Ende eine Sache besser versteht, wird er nicht so sehr als Sieg ansehen wie den

Umstand, dass die eigene Ansicht sich als die ›wahrere‹, die eigenen Argumente sich als die stärkeren erwiesen haben. Das ist eine verbreitete menschliche Eigentümlichkeit – man kann auch sagen: eine Schwäche.

2. Oft ist die Fähigkeit zum Argumentieren zwischen den Gesprächspartnern ungleich verteilt. Der eine beherrscht das Verfahren besser, der andere schlechter. Das kann dann dazu führen, dass der Unterlegene seine Ansicht beibehält und ihre Wahrheit weiter vertritt, weil der Überlegene ja ›nur beim Argumentieren erfahrener‹ sei. In diesem Falle ist der Zweck des Gesprächs verfehlt. Vorsichtig kann man vermuten, dass hier die menschliche Schwäche eher auf der Seite des Unterlegenen zu suchen ist. Dass seine Argumente nicht erfolgreich waren, ist ja ein Mangel seiner Argumente bzw. seiner Fähigkeit, sie vorzutragen. Dass er dennoch auf seinem Standpunkt beharrt, mag psychologisch verständlich sein. Wir sind in unsere eigenen Ansichten gleichsam verliebt und trennen uns ungern von ihnen. Sie trotz schlechterer Argumente beizubehalten stellt aber einen Verstoß gegen die ›Spielregeln‹ des Überzeugens dar, für den man bezahlen muss. Und zwar damit, dass eine Einigkeit nicht erzielt werden konnte, und für den Fall, dass sie für gemeinsames Handeln erforderlich ist, jetzt nur noch die Verfahren des Zwangs und des Überredens bleiben. Ob diese Verfahren nicht doch unangenehmer sind als die Peinlichkeit, zugeben zu müssen, dass man die schlechteren Argumente hat? Der Zwang bricht den Willen des anderen, während das Überzeugen ihn ändert. Das Überreden ändert ebenfalls den Willen des anderen, aber durch Mittel, die mit der Wahrheit der Behauptung nichts zu tun haben, sondern auch dem zur Verfügung stehen, der sich irrt oder gar lügt.

Hier wird die Tendenz deutlich, das Überzeugen mit der Wahrheit in ein spezielles Verhältnis zu bringen. Ist die Annahme berechtigt, dass man mit Überzeugung der Wahrheit näher kommt als mit Überredung? Und überhaupt: geht es in Streitgesprächen überhaupt immer um

Wahrheit? Was soll z. B. die Wahrheit sein, um die es in der oben wiedergegebenen Diskussion um Geschirrschäden beim Spülen geht?
Nehmen wir uns die zweite Frage als erste vor. Wenn ein Verhalten *bewertet* werden soll, etwa das Anbrüllen angesichts eines Fehlers des Partners, welche Wahrheit steht da in Frage? Falls der Streit darüber handelt, *ob* Geschirr zerbrochen wird (ob *zu häufig* Geschirr zerbrochen wird), geht es darum, ob der Satz »Du zerbrichst beim Spülen (zu häufig) Geschirr« wahr ist oder falsch. Dies ist also die Wahrheit, um die es sich handelt. Wenn aber – wie hier – die Auseinandersetzung darüber geführt wird, ob es *gut* ist, so häufig zu brüllen, scheint es eben um eine Frage des *Gutseins* und nicht des *Wahrsein* zu gehen. Das scheint aber nur so. »Du solltest mich nicht immer so anbrüllen, wenn ich mal beim Spülen Geschirr fallen lasse«, war die Behauptung von A. Heißen soll das: Es ist nicht gut, wenn du mich immer so anbrüllst. B fand das zunächst durchaus gut, weil es seinen (oder ihren) Willen zum Sparen wirkungsvoll zum Ausdruck brachte. Stimmt es also, dass das Brüllen gut ist, oder stimmt es nicht? Darüber wird dann gestritten. Und genau hier haben wir auch die Wahrheit, über die gestritten wird: Stimmt es oder stimmt es nicht? Ist der Satz »Es ist gut, dass ...« wahr? Oder ist er falsch?
Bei Sätzen, die von dem handeln, was »gut« oder »schlecht«, »anständig« oder »unanständig«, »fair« oder »unfair«, »schön« oder »hässlich« ist, kann man also durchaus von einem Streit über Wahrheit reden. Denn der Streit geht ja darum, ob *es stimmt*, dass etwas gut, anständig, fair bzw. schön ist ... oder ob es eben nicht stimmt.
Ein Zugeständnis muss man aber doch machen. Wir streiten zwar auch dann um Wahrheit, wenn wir darüber streiten, ob etwas gut ist; aber ob ein solcher Streit immer *sinnvoll* ist, ist eine andere Frage. Sinnvoll wäre er ja nur dann, wenn es überhaupt Argumente auszutauschen gibt, die einen anderen – zumindest im Prinzip – überzeugen kön-

nen. Ob Geranien oder Stiefmütterchen sich schöner im Blumenkasten machen, ist doch wohl eher eine Geschmacksfrage, und über Geschmack soll man bekanntlich *nicht* streiten. Was sollte auch in diesem Falle »Stimmt es, dass Geranien schöner sind?« heißen?

Wir sollten also beim Diskutieren und Überzeugen berücksichtigen, dass nicht jede Frage geeignet ist, durch Argumente entschieden zu werden. Dass ein Argument einen anderen überzeugen soll, setzt voraus, dass es eine *gemeinsame, für alle Gesprächsteilnehmer gültige Wahrheit* gibt. Ist das nicht der Fall – wie bei Geschmacksfragen –, dann wird auch kein Argument dazu verhelfen, diese gar nicht existierende Wahrheit herauszufinden.

Um nun zu der anderen Frage zurückzukehren: Was hat ein Argument überhaupt mit Wahrheit zu tun? Beschränken wir uns für unseren Zweck weise auf Sätze, von denen man behaupten kann, dass sie ›stimmen‹ (d. h. für alle Beteiligten wahr und gültig sind) oder ›nicht stimmen‹. Wir reden also über Verhaltens- und Gesundheitsregeln, über Preise von Waren und Gewinnkalkulationen, über Erfolgsaussichten von Sportmannschaften oder über rechtwinklige Dreiecke; wir reden über die Wirkung von Pflanzendünger oder über die Chancen, eine Prüfung zu bestehen. Hingegen reden wir nicht darüber, ob Rot- oder Weißwein besser schmeckt, ob Techno oder Rap die bessere Musik ist. Und wir zögern bei Fragen wie denen, ob mir Rot oder Grün besser steht, ob Rot- oder Weißwein besser zu Fisch passt, ob Islam, Buddhismus oder Christentum die bessere Religion ist. Bei näherem Überlegen zögern wir sogar bei der Frage, woran man eigentlich genau unterscheiden soll, ob eine Behauptung ›stimmen‹ oder ›nicht stimmen‹ kann in einem mehr als persönlichen Sinne. Wir gehen aber trotz aller Unsicherheit davon aus, dass zumindest in *einigen* Fällen klar ist, dass man sinnvoll streiten kann, ob Behauptungen über sie ›stimmen‹ oder ›nicht stimmen‹.

Vielleicht kommen wir im Alltag mit der Daumenregel

aus, dass man immer dann sinnvoll streiten *kann*, wenn jemand darüber streiten *will*; denn das heißt ja: er *beansprucht*, dass seine Ansicht ›stimmt‹.
Wenn jemand behauptet, dass mir Rot besser steht als Grün, dann soll das ja wohl zutreffen – d. h., es soll nicht nur sein privater Geschmack sein, sondern gleichsam *der* Geschmack. Mag sein, dass er sich irrt; mag sein, dass es *den* Geschmack nicht nur bei Geranien nicht, sondern überhaupt nicht gibt. Dann kann man immerhin *darüber* mit ihm diskutieren.
Unsere Faustregel lautet dann etwa so: Wann immer jemand behauptet, er habe Recht und seine Ansicht stimme, dann beansprucht er eine Wahrheit für sich. Sollte er sich so sehr dabei irren, dass es diese Wahrheit gar nicht gibt, dann kann man ihn wenigstens *davon* überzeugen.
»Es gibt in diesem Falle keine Wahrheit« soll doch wohl selber wahr sein, und zumindest *darüber* kann man ja argumentieren.
Und diese Wahrheit, was hat sie nun mit Argumenten zu tun? Eine Wahrheit wird behauptet. Das heißt: Eine Ansicht soll wahr sein. Diese Behauptung setzt voraus, dass wir von *zwei* möglichen Fällen auszugehen haben. Die Ansicht *kann* wahr oder sie kann falsch sein. Beides ist denkbar, aber nur eines ist der Fall. Genau das heißt: etwas behaupten. Falls es in irgendeinem Bereich nicht zwei Möglichkeiten gibt, gibt es auch keinen Streit über zwei Möglichkeiten. Es gibt keine Diskussion, kein Überzeugen, kein Argumentieren. Es gibt nicht einmal das Behaupten einer Wahrheit, da eine solche Behauptung ohne zweite Möglichkeit nichts hätte, was sie verneinen und bestreiten kann. Sie verlöre ihren Sinn.

»Persil bleibt Persil« hieß es vor vielen Jahren einmal in der Werbung. Das klingt dermaßen selbstverständlich wahr, dass eine andere Möglichkeit – »Persil bleibt nicht Persil« – gar nicht denkbar erscheint. Aber warum hat es die Werbung dann für nötig gehalten, diese Behauptung

unters Volk zu bringen? Und die Volksweisheit lehrt: »Es ist, wie es ist.« Was soll damit gesagt werden?
Eine Behauptung will etwas bestreiten. Wer sagt, etwas sei wahr, behauptet damit, dass das Gegenteil falsch sei. Wer nichts bestreitet, kann sich die Mühe des Behauptens sparen. Was also soll mit diesen Behauptungen behauptet, was bestritten werden? Für »Persil bleibt Persil« ist das relativ einfach: Persil könnte schlechter werden, man könnte bei der Rezeptur sparen und so die Qualität herabsetzen. Das, so verspricht der Hersteller, tun wir aber nicht. »Persil bleibt Persil« heißt also: »Die Qualität von Persil bleibt gleich«, und bestritten wird dadurch, dass die Qualität schlechter wird. Das kann man überprüfen und begründen, darüber kann man streiten, dafür kann man argumentieren. Und wenn man Kunden überzeugen will (statt sie nur zu überreden), dann ist das auch sinnvoll.
»Es ist, wie es ist« stellt eine härtere Nuss dar. Vielleicht meint die Volksweisheit, man solle den Dingen, wie sie eben sind, ins Auge sehen (Alternative: sie verdrängen). Vielleicht meint sie: es bleibt, wie es ist (Alternative: es ändert sich). Vielleicht meint sie auch etwas anderes. Lässt sich aber keinerlei Alternative zu dieser Behauptung denken, dann büßt die Behauptung ihren Sinn ein.
Wenn es aber nun zwei Möglichkeiten gibt, die wir in Betracht zu ziehen haben, dann fragt sich, wie wir herausfinden und sicherstellen können, dass die eine Behauptung, die wir favorisieren, wahr ist, nicht aber die Gegenbehauptung. Und wie können wir auch den anderen davon überzeugen? Hier genau setzt die Funktion des Arguments ein. An eine Wahrheit zu *glauben*, erfordert keine Argumente. Jemanden zu diesem Glauben zu *überreden*, erfordert ebenfalls keine Argumente, sondern die Raffinesse oder die rhetorischen Kunststückchen des Predigers oder Demagogen. Jemanden aber zu *überzeugen*, sodass er die Wahrheit, die er lieber nicht zugeben würde, einsieht – einsehen *muss*, das erfordert die Kraft der Argumente.
›Argument‹ kann man also folgendermaßen definieren:

Ein Argument ist dasjenige, was die Wahrheit (Richtigkeit) einer Behauptung jemandem, der nicht an sie glaubt, einleuchtend oder zumindest plausibel macht. »Ich würde lieber an die Wahrheit der Behauptung X glauben; aber ich muss zugeben, dass mir Y, wie du es behauptest, mehr einleuchtet.« Wer so etwas sagt, der hat ein Argument zu schmecken bekommen. Der Demagoge, der uns wirkungsvoll überredet, überschwemmt unseren Willen mit Gefühlen. Der Gesprächspartner, der wirkungsvoll argumentiert, zwingt uns, ihm – und sei es zähneknirschend! – ein Zugeständnis zu machen. Er zwingt uns nicht durch Drohungen oder physische Gewalt, sondern mit der eigentümlichen Macht, die man die **Logik im Argument** nennen kann.

A: Du weißt doch wohl, wie man die Fläche eines Quadrates errechnet?
B: Klar. Seitenlänge mal Seitenlänge.
A: Gut. Aber jetzt kommt's. Nehmen wir an, du hast ein bestimmtes Quadrat. Wie kann man jetzt ein Quadrat mit doppelter Fläche zeichnen? Weißt du das auch?
B: Na, indem man die Seitenlänge verdoppelt. Das ist seine Behauptung. Und jetzt wird er ein Argument zu hören bekommen.
A: Dann nehmen wir mal ein Quadrat mit der Seitenlänge von 2 Metern. Nach deiner Formel erhalten wir als Fläche 2 × 2 = 4 Quadratmeter. Die doppelte Fläche wären 8 Quadratmeter. Wenn wir aber die Seitenlänge von 2 auf 4 verdoppeln, dann hätten wir 4 × 4 = 16 Quadratmeter. Das ist nicht die doppelte, sondern die vierfache Fläche.[4]

A hat B nicht physisch gezwungen, »Ich habe mich geirrt« an die Tafel zu schreiben. A hat auch nicht einen berühmten Mathematiker als Autorität genannt und Glauben an ihn verlangt. Ebenso wenig hat A B Hoffnungen gemacht oder Gefahren vor Augen gehalten. Von Wiederholungen war erst recht nicht die Rede. Und doch steckt B in einer

Lage, wie sie für seine ursprüngliche Behauptung nicht unangenehmer sein könnte. Er *kann* sie nicht beibehalten. Was ihn die Unwahrheit seiner Behauptung hat einsehen lassen, war ein plausibles, logisches Argument.

Man muss zugeben, dass Logik durchaus etwas mit Zwang zu tun hat, und so auch das Überzeugen. Aber es handelt sich um eine sehr spezielle Form des Zwangs, dessen Unausweichlichkeit allenfalls beschämt, aber die Meinung und nicht nur das Handeln ändert. Und es ist ein Zwang, der etwas mit Wahrheit zu tun hat – der geradezu in der größeren Nähe zur Wahrheit besteht.

Wer sich dennoch auch über diesen Zwang beklagt, der sollte sich klar darüber werden, ob dieses Verfahren nicht doch besser ist als die anderen in Frage stehenden – jedenfalls dort, wo auf eine Übereinstimmung im Handeln nicht verzichtet werden kann.

3.
»Weil« und »deshalb« – Worte der Logik

Woran erkennt man nun ein Argument, das im Gespräch oder im Text verwendet wird? Im Grunde an seiner Funktion innerhalb des Gedankens. Ein Argument ist ja dasjenige, was eine Behauptung einleuchtend machen, was sie begründen soll. Als Hörer oder Leser muss man daher 1. darauf achten, *wovon* man überzeugt werden soll – das ist die Behauptung oder die **These**, und dies 2. davon unterscheiden, *wodurch* oder *womit* man davon überzeugt werden soll – das ist die Begründung oder das **Argument**. Ich versuche mich an zwei Definitionen, bei denen ich nicht eigens unterscheide zwischen schriftlichem Text und mündlicher Rede:

- Eine *These* ist die entscheidende Behauptung eines Sprechers – das, was er den Lesern beweisen will. Darauf läuft alles, was gesagt wird, hinaus. Man erkennt die Behauptung daran, dass sie sich aus allen Argumenten der Rede als Folgerung ergibt. Diesen Zusammenhang machen Wörter wie ›daher‹, ›deshalb‹ oder ›also‹ deutlich. Eine These wird innerhalb des Gesagten begründet (im Gegensatz zum Argument, das zwar etwas begründen soll, aber nicht selbst begründet wird).
- Ein *Argument* ist das, was dem Hörer einer Rede die These einsichtig, einleuchtend machen soll. Die Argumente sind gleichsam der logisch einleuchtende Weg zu einer These hin. Man erkennt ein Argument oft daran, dass es am Anfang eines Satzes oder Nebensatzes steht, der mit ›denn‹, ›weil‹, ›da‹ usw. beginnt. Ein Argument hat im Gesagten die Funktion, die These zu begründen – ohne selbst begründet zu werden.

Dies ist eine *formale* Struktur. Sie ist unabhängig davon, ob der Hörer bzw. Leser persönlich den Inhalt eines Argu-

mentes für falsch hält, also als bloße ›Behauptung‹ empfindet. Entscheidend ist allein, ob das Argument im Text (nach der Absicht des Verfassers) die *Funktion* eines Argumentes hat, d. h., ob es zur Begründung einer These eingesetzt, aber nicht selbst begründet wird.
Man kann dies an einigen einfachen Beispielen erläutern:

Man sollte als Schüler Hausaufgaben anfertigen, weil man sonst im Unterricht schlecht mitarbeiten kann.

Hierbei ist
• die These: »Man sollte als Schüler Hausaufgaben anfertigen«,
• das Argument: »weil man sonst im Unterricht schlecht mitarbeiten kann«.
Diese formale Struktur liegt auch dann vor, wenn ein Schüler persönlich der Ansicht ist, dass er auch ohne Hausaufgaben im Unterricht gut mitarbeiten kann. In diesem Falle formuliert er im Stillen eine *Gegen*these und geht dabei etwa so vor:
• *Gegen*these: »Ich brauche keine Hausaufgaben zu machen.«
• *Gegen*argument: »weil ich durch geniale Einfälle in der Stunde gut mitarbeiten kann«.
Damit bestreitet er mittels einer Gegenthese die Allgemeingültigkeit der These und begründet dies durch ein Gegenargument.
Einige weitere Beispiele:

Es gibt keinen Gott, weil die Welt sonst nicht so ungerecht eingerichtet wäre.

Heute bist du mit Abwaschen dran, denn ich habe gestern abgewaschen.

Sie erkennen hier leicht die Behauptung (These) im Unterschied zur Begründung (Argument).

Etwas schwieriger ist der folgende Fall:

Deine Nörgelei ist unerträglich. Jetzt meckerst du heute schon zum fünften Mal an mir herum!

Was dieses Beispiel kniffliger macht, ist das Fehlen eines bestimmten Wortes, an dem man das Argument in der Regel gut identifizieren kann. Solche Wörter sind, wie gesagt, z. B. ›weil‹, ›da‹ und ›denn‹, die oft eine Begründung einleiten. Wegen dieses Fehlens kann man in dem letzten Beispiel das Argument *allein* an seiner Funktion erkennen: Behauptet werden soll, dass die Nörgelei des anderen unerträglich ist; begründet wird dies damit, dass er heute schon zum fünften Mal an dem Sprecher herumnörgelt. Achten Sie also in solchen Fällen, in denen die kennzeichnenden Wörter fehlen, auf die Funktion des einen Aussageteils für die Stützung des anderen.
Ich habe oben schon angedeutet, dass es auch spezielle Wörter gibt, an denen zu erkennen ist, dass der Sprecher nun von seiner These spricht. Schauen wir uns hierzu wiederum drei Beispiele an:

Du hast mir fest versprochen, das geliehene Geld innerhalb eines Monats zurückzuzahlen. Getan hast du nichts. Deshalb brauchst du nicht zu glauben, dass ich dir jemals wieder Geld leihen werde.

Klaus Nimmerfroh hat mehrfach gegen die Statuten unseres Vereins verstoßen. Daher beantrage ich seinen Ausschluss aus dem Verein.

Im ersten Fall soll klar gemacht werden, dass der Sprecher nicht mehr bereit ist, dem anderen Geld zu leihen. Im zweiten Fall geht es darum, dass ein gewisser Klaus Nimmerfroh aus einem Verein ausgeschlossen werden soll. Dabei handelt es sich also jeweils um die These – das, wovon die Hörer überzeugt werden sollen. Begründet wird diese

These im ersten Fall mit einem früher gebrochenen Versprechen, im zweiten Fall mit Verstößen gegen die Statuten des Vereins. Diese Begründungen kann man auch hier nicht an bestimmten Wörtern identifizieren, sondern nur an ihrer Funktion für die These. Die These aber wird jeweils mit einem bezeichnenden Wort eingeleitet: einmal mit einem ›deshalb‹, das andere Mal mit einem ›daher‹.
Ein weiteres Beispiel:

> *Wir sind alle Gottes Geschöpfe. Also müssen wir seinem Willen gehorchen.*

Auch hier fehlt ein Begründungs-Wort. Aber ein Thesen-Wort, das uns klar macht, was wir denken sollen, findet sich: ›also‹, sodass wir nun deren drei (es sind die häufigsten) beisammen haben.
Natürlich können solche Thesen-Wörter (ganz wie die Begründungs-Wörter) auch fehlen; aber *wenn* sie vorkommen, dann bilden sie ein Indiz dafür, dass jetzt die These, die Behauptung des Textes beginnt.
Merken wir uns:
• These (Behauptung) und Argument (Begründung) stehen in einer bestimmten logischen Struktur zueinander. Die These soll einleuchtend gemacht werden. Und sie wird einleuchtend gemacht durch das Argument.
• Diese Struktur muss nicht, kann aber durch bestimmte Wörter deutlich gemacht werden:
• Wo ein ›daher‹, ›deshalb‹, ›also‹ steht, zieht der Sprecher aus dem Argument die Konsequenz: er formuliert die These.
• Wo ein ›weil‹, ›denn‹, ›da‹ steht, gibt der Sprecher an, warum die These einleuchtend ist: er formuliert sein Argument.

Da die Umgangssprache sich nicht gerne auf ganz eindeutige Regeln festnageln lässt, muss man freilich eine Einschränkung machen: Die Wörter ›weil‹, ›denn‹ und ›da‹ leiten, wo sie vorkommen, nicht immer eine Begründung ein. Schauen Sie sich einmal die folgenden Beispiele an:

Er war vollkommen erschöpft, denn er war vier Stunden ununterbrochen gelaufen.

Der Kessel ist geplatzt, weil der Dampfdruck zu groß war.

Hier wird mir ›denn‹ und ›weil‹ nicht die Wahrheit einer Behauptung begründet, sondern ein *Sachverhalt erklärt.* Dass der Mensch vier Stunden ununterbrochen gelaufen war, ist die *Ursache* seiner Erschöpfung; und dass der Dampfdruck zu groß war, ist die *Ursache* für das Platzen des Kessels. Vergleichen Sie damit:

Ich weiß, er war vollkommen erschöpft, denn das habe ich selber gesehen.

Der Kessel muss geplatzt sein, weil sonst nicht all die Trümmer in der Küche gelegen hätten.

Hier geht es nicht darum, warum er erschöpft war bzw. warum der Kessel geplatzt ist, sondern warum der Sprecher der *Ansicht* ist, dass er erschöpft war bzw. der Kessel geplatzt ist.
Diese Zweideutigkeit der Umgangssprache ist sehr unangenehm, denn sie zwingt uns, von der *Begründung* (für eine Behauptung, eine Ansicht, eine Aussage) die *Erklärung* (eines Sachverhalts, eines Ereignisses) zu unterscheiden. Und sie hindert uns daran, die einfache Regel anzuwenden: Wo immer jemand ›weil‹, ›denn‹, ›da‹ sagt, geht es ihm darum, seine Ansicht zu begründen.

Die logische Struktur lässt sich leider in vielen Fällen nicht oder nicht allein durch die genannten Wörter, sondern nur durch Mitdenken identifizieren. Und dieses Mitdenken kann man nur lernen, indem man es übt und sich in allen interessanten Fällen fragt: 1. *Was* will mir der andere klar machen? Wovon will er mich überzeugen? 2. *Wie*, wodurch, durch welches Argument will er mich davon überzeugen?

Auch hier findet man die besten Übungsmöglichkeiten in der Werbung, die ja immer folgende Elemente enthält: ein *Ziel* (die Handlung des Kaufens); die Wahrheit einer zu diesem Ziel führenden Behauptung: die *These*, von der Sie überzeugt werden sollen (Sie sollten das Produkt kaufen!); und die dieses Ziel immer auf eine bestimmte, möglichst wirksame Weise erreichen will: durch das *Argument* (weil dieses Produkt Sie glücklicher machen wird).

Dafür ein abschließendes Beispiel:

> *Diese Gelegenheit kommt nicht wieder! Preisnachlass bis zu 50 %! Jetzt zugreifen!* Und nun werden die Produkte genannt, durch deren Kauf wir unser Glück machen werden.

»Jetzt zugreifen!« – das ist es, was wir tun sollten (also: These). »Diese Gelegenheit kommt nicht wieder! Preisnachlass bis zu 50 %!« – das soll uns zur Bejahung der These, zum ›Zugreifen‹ motivieren (also: Argument). Und achten sollte man natürlich – wie bei jeder Argumentation – darauf, ob das Argument gut ist: Ist diese Gelegenheit wirklich einmalig? Und was genau heißt »Preisnachlass bis zu 50 %«? »Bis zu« kann heißen: *ein einziges* Teil ist um 50 % verbilligt, die anderen um 10 %; und die durchschnittliche Reduzierung beträgt nur 20 %. Außerdem: Ist ein günstiger Preis ein *zureichender* Grund, eine bestimmte Ware zu kaufen? Kann ich sie überhaupt gebrauchen? Schließlich kann auch etwas sehr preiswert angeboten werden, was man ungefähr so dringend benötigt wie Hühneraugensalbe ohne Hühneraugen.

Eine schwierige Frage ist die, wer eigentlich im Gespräch die Pflicht hat, seine Ansicht zu begründen: derjenige, der eine Behauptung aufstellt, oder derjenige, der sie bloß bezweifelt oder bestreitet.

A: Ich meine, du kümmerst dich zu wenig um die Kinder. Du solltest mehr Zeit mit ihnen verbringen. Das ist eine bloße Behauptung und noch ohne Begründung.
B: Dass ich mich zu wenig um die Kinder kümmere, stimmt nicht! Die Behauptung wird bestritten, die Bestreitung aber ebenfalls nicht begründet.

Es steht Behauptung gegen Behauptung, und wem kommt nun die Aufgabe zu, seine Behauptung als erster mit Argumenten zu begründen? Die Entscheidung dieser Frage ist deshalb so wichtig, weil Begründen oft schwierig ist, Behaupten dagegen leicht.
Wer diese Pflicht hat, ist nicht zu beweisen. Allerdings hat sich in der Tradition eine Regel durchgesetzt, die man als Vereinbarung auf der Basis von Fairness ansehen kann: Begründen muss derjenige, welcher als erster eine Behauptung aufstellt. Hingegen derjenige, der diese Behauptung lediglich bestreitet, darf die Argumente des Gesprächspartners abwarten und muss erst dann eigene (Gegen-)Argumente vorbringen. Fair ist dies deshalb, weil man sonst beliebige, sogar aus purer Gehässigkeit aus der Luft gegriffene Behauptungen aufstellen könnte, für die man gar keine Argumente besitzt, um dann genüsslich zuzuschauen, wie sich der Gegner mit einer Widerlegung abmüht. Das verhält sich so ähnlich wie vor Gericht: Dem Angeklagten muss die Schuld bewiesen werden, nicht aber muss der Angeklagte seine Unschuld beweisen.
Allerdings sollte man im Gespräch mit einem Menschen, dessen Behauptung man ernst nimmt, nicht allzu starr auf dieser Regel herumreiten. Wenn ich *weiß*, dass er Argumente hat und dass es ihm aus bestimmten Gründen schwer fällt, sie zu artikulieren, wäre ein Bestehen auf der Regel kleinlich, vielleicht sogar selbst gehässig.

4.

Voraussetzungen: Vorurteile im Denken

Kein Denken beginnt mit Nichts. Wer nachdenkt, benutzt dazu Voraussetzungen, von denen er ausgeht und mit denen er Sachverhalte beurteilt. Zu solchen Voraussetzungen gehören logische Regeln, die ihm helfen, mittels Schlüssen zu Thesen zu gelangen. Neben solchen formalen Regeln benötigt man aber auch Inhalte, die man den Schlüssen zugrunde legt. Erinnern wir uns an das schlichte Beispiel zu Beginn von Kapitel 1:

(1) Wenn im Frühjahr die Tage länger werden
(2) und wenn es jetzt Frühjahr wird,
(3) dann werden jetzt die Tage länger.

Als These begründet werden soll in diesem Fall, dass jetzt die Tage länger werden. Die Begründung erfolgt über die beiden Voraussetzungen (= Prämissen), dass (1) im Frühjahr die Tage länger werden und (2) es jetzt Frühjahr wird. Die Argumentation des Schlusses ist nicht nur davon abhängig, dass dieser Schluss formal richtig ist – vgl. das Beispiel 4 in Kapitel 1; sie ist auch davon abhängig, dass die Voraussetzungen inhaltlich wahr sind. *Nur dann, wenn* es stimmt, dass im Frühjahr die Tage länger werden und dass es jetzt Frühjahr wird, werden jetzt die Tage länger. Ist hingegen eine der beiden Voraussetzungen falsch, dann ist der Schluss nicht wahr.
Daran sieht man, welche Wichtigkeit die Voraussetzungen unseres Denkens besitzen. Dafür soll ein Beispiel stehen, in dem andere Voraussetzungen zu einer völlig anderen Schlussfolgerung führen:

(1) Wenn man anderen Menschen hilft, erwidern sie diese Hilfe.

(2) Hilfe von anderen kann jeder Mensch gut brauchen.
(3) Daher sollte jeder Mensch anderen Menschen helfen.

Nennen wir die erste Voraussetzung (dass andere Menschen Hilfe erwidern) die *Dankbarkeits*-Überzeugung. Vergleichen wir damit folgenden Schluss:

(1) Wenn man anderen Menschen hilft, nutzen sie das bloß aus.
(2) Ausgenutzt zu werden, sollte man vermeiden.
(3) Daher sollte man anderen Menschen nicht helfen.

Nennen wir die hier zugrunde gelegte erste Voraussetzung (dass andere Menschen Hilfe bloß ausnutzen) die *Undankbarkeits*-Überzeugung. Sie widerspricht erkennbar der Dankbarkeits-Überzeugung. Hingegen die beiden zweiten Voraussetzungen widersprechen einander nicht: Dass man Hilfe anderer gut gebrauchen kann, lässt sich ohne weiteres damit vereinbaren, dass man es vermeiden sollte, sich ausnutzen zu lassen. Die Schlussfolgerungen (3) widersprechen einander wiederum vollkommen: Man sollte oder man sollte nicht anderen Menschen helfen. Was man nun sollte, das eine oder das andere, hängt also davon ab, was man als erste Voraussetzung annimmt.
Sie sollten sich daher gut merken:

- Ihre Ansichten hängen von den Voraussetzungen ab, von denen Sie dabei ausgehen.

Dies meint: Wenn Sie eine bestimmte Meinung vertreten (d. h. eine These), die Sie auf andere Meinungen (Erkenntnisse, Überzeugungen oder Ähnliches) zurückführen (dies sind die Voraussetzungen), dann ist Ihre These nur so gut bzw. wahr, wie es Ihre Voraussetzungen sind. Die Prüfung einer Meinung wird daher zu einem großen Teil aus der Prüfung der Voraussetzungen bestehen, aus denen sie abgeleitet worden ist.

Wie kommt man nun an gut gesicherte, tragfähige Voraussetzungen?
Es gibt dazu prinzipiell zwei verschiedene Möglichkeiten:
1. Sie können Ihre Voraussetzungen aus der Erfahrung beziehen, also aus Beobachtung, Experiment oder Ähnlichem. Für den Fall der Voraussetzung »Wenn man anderen Menschen hilft, erwidern sie diese Hilfe« sieht das ganz alltäglich so aus, dass Sie sich erinnern: Wie hat dieser Mensch, mit dem ich es jetzt zu tun habe, sich in früheren Situationen verhalten, wenn ich ihm geholfen habe? Welche Erfahrungen mit ihm haben andere Menschen mir dazu berichtet? Oder, wenn es sich um einen Menschen handelt, den Sie gerade erst kennen gelernt haben: Wie war das bisher in meinem Leben? Haben die Menschen meine Hilfe mit Dankbarkeit erwidert? Welche Berichte habe ich dazu von anderen Menschen erhalten? Vielleicht können Sie sich auch an regelrechte Experimente entsinnen, die von Psychologen an 100 Versuchspersonen vorgenommen und in einer Zeitschrift veröffentlicht worden sind.
Bei all diesen Möglichkeiten handelt es sich um eine mehr oder weniger große Zahl einzelner Fälle aus der Erfahrung, die Sie nun zu einer Regel verallgemeinern müssen, damit ein ganz allgemeiner Satz herauskommt wie der: »Wenn man anderen Menschen hilft, erwidern sie diese Hilfe.«
Falls Sie eher zu der gegenteiligen Ansicht neigen (»Wenn man anderen Menschen hilft, nutzen sie das bloß aus«), dann können Sie das ebenfalls auf eigene Beobachtungen, Erfahrungsberichte anderer oder Berichte über Experimente stützen.
Ganz gleich, welche Voraussetzung Sie auf diese Weise ableiten – es gibt dabei ein Problem: Wann immer Sie eine Regel für alle Fälle (hier über das Verhalten aller Menschen) auf Beobachtungen usw. stützen, dann handelt es sich bei diesen Beobachtungen um eine kleinere oder größere Zahl von *Einzel*fällen. Genauer gesagt: Sie (oder die Fachleute) haben *weniger* Fälle beobachtet, als diejenigen

es sind, über die Sie in Ihrer Regel sprechen. 1 Fall – 10 Fälle – 100 Fälle – 1000 Fälle sind allesamt weniger als *alle* Fälle. Dadurch tritt eine Schwierigkeit auf, Verallgemeinerung genannt, die in Kapitel 6 behandelt werden soll.

2. Die zweite Möglichkeit besteht darin, die Voraussetzungen, von denen Sie in Ihrer Schlussfolgerung ausgehen, aus *anderen* Voraussetzungen abzuleiten. Handelt es sich bei Ihrer Voraussetzung um eine (allgemeingültige) Regel und wollen Sie das Problem der Verallgemeinerung von Einzelbeobachtungen umgehen, dann können Sie überlegen, ob diese Voraussetzung sich nicht aus anderen (ebenfalls allgemeingültigen) Regeln ergibt. So hätten Sie die Klippe des Problems der Verallgemeinerung elegant umschifft.

Sehen wir uns dies an zwei Versuchen an. Gehen wir zuerst aus von der Voraussetzung »Wenn man anderen Menschen hilft, nutzen sie das bloß aus«. Was halten Sie dann von folgender Überlegung?:

> *(1) Menschen sind immer bloß auf ihren Vorteil bedacht.*
> *(2) Das Ausnutzen von Hilfe ist ein klarer Vorteil.*
> *(3 = 1') Wenn man anderen Menschen hilft, nutzen sie das bloß aus.*
> *(2') Ausgenutzt zu werden, sollte man vermeiden.*
> *(3') Daher sollte man anderen Menschen nicht helfen.*

Am Ende haben wir wieder die These, die begründet werden soll: »Man sollte anderen Menschen nicht helfen.« Die Voraussetzung, aus der wir diese These gewonnen haben, ist aber jetzt nicht eine bloße Voraussetzung, sondern sie ist ihrerseits aus anderen Voraussetzungen abgeleitet: »Menschen sind immer bloß auf ihren Vorteil bedacht« und »Das Ausnutzen von Hilfe ist ein klarer Vorteil«. Nennen wir diesmal die erste Voraussetzung die Egoismus-Überzeugung, dann haben wir die Empfehlung, anderen Menschen *nicht* zu helfen, mit der Undankbarkeits-Überzeugung begründet, und die Undankbarkeits-

Überzeugung haben wir mit der Egoismus-Überzeugung begründet.
Überprüfen wir dies noch an einem anderen Beispiel:

(1) Man sollte Gesundheitsrisiken vermeiden.
(2) Rauchen ist ein Gesundheitsrisiko.
(3) Man sollte das Rauchen meiden.

Hier hat die erste Voraussetzung viel für sich. Dennoch könnte jemand sie bestreiten, indem er sagt: »Gesundheitsrisiken wie das Rauchen wirken sich erst in Jahrzehnten aus; aber ich weiß ja gar nicht, ob ich so lange überhaupt leben werde.« Was ließe sich dazu sagen? Etwa Folgendes:

(1') Langfristig mit großer Wahrscheinlichkeit eintretende Schäden sollte man vermeiden.
(2') Gesundheitsrisiken sind Schäden, die langfristig mit einer großen Wahrscheinlichkeit eintreten.
(3' = 1) Also sollte man Gesundheitsrisiken vermeiden.
(2) Rauchen ist ein Gesundheitsrisiko.
(3) Man sollte das Rauchen meiden.

Sie sehen, wie auch hier die ursprünglich erste Voraussetzung nunmehr aus zwei weiteren Voraussetzungen abgeleitet wird. Man kann das Verfahren sogar fortsetzen: Dass man (auch) langfristig mit großer Wahrscheinlichkeit eintretende Schäden vermeiden sollte – die erste Voraussetzung unseres nunmehr erweiterten Schlusses -, kann man wiederum so begründen:

(1'') Man sollte jeden Schaden, den man (in der Gegenwart) erlebt, vermeiden.
(2'') Ein langfristig mit großer Wahrscheinlichkeit eintretender Schaden ist ein Schaden, der in der Zukunft mit großer Wahrscheinlichkeit zu einem (in der Gegenwart) erlebten Schaden werden wird.

(3'' = 1') Langfristig mit großer Wahrscheinlichkeit eintretende Schäden sollte man vermeiden.

Ob *dieser* Schluss logisch ganz koscher ist? Die zweite Voraussetzung (2'') klingt ein wenig merkwürdig, und ich zweifle, ob der gedachte Kritiker damit zufrieden wäre. Die Methode ist jedenfalls klar: Jede Voraussetzung, die in Zweifel gezogen wird, kann man zu schützen versuchen, indem man sie auf andere Voraussetzungen zurückführt. Man kann daraus eine systematische Gesprächsstrategie machen:

- Man stellt eine Behauptung auf.
- Diese Behauptung wird begründet, indem gezeigt wird, wie sie aus bestimmten Voraussetzungen folgt.
- Bestreitet der Gesprächsgegner eine dieser beiden Voraussetzungen (oder – schlimm! – beide), dann können diese Voraussetzungen mit einzelnen Beobachtungen begründet werden (Verfahren 1) oder indem gezeigt wird, wie sie ihrerseits aus anderen Voraussetzungen folgen (Verfahren 2).
- Dieses Vorgehen wiederholt man so lange, bis man zu Voraussetzungen gelangt, die der Gesprächsgegner *nicht* mehr bestreitet.

Das klingt sehr viel einfacher, als es im tatsächlichen Gespräch meist ist. Schließlich muss man nicht nur erkennen, dass der Gegner eine bestimmte Voraussetzung anzweifelt (vielleicht drückt er sich in dieser Hinsicht nicht ganz klar aus); man muss vor allem über eine Menge Einfallsreichtum und Geschick verfügen, um sich – und dem anderen – klar zu machen: Das, was du bezweifelst, folgt zwingend aus etwas anderem, das du *nicht* bezweifelst. Auch hier helfen Übung und Erfahrung.
Erproben Sie Ihre Fähigkeiten einmal an folgenden Beispielen:

1. *Es muss einen Gott geben, der das Universum geschaffen hat.* Aus welchen Voraussetzungen könnte dies plausibel werden?

2. *Unsere Firma muss nicht nur ihren Umsatz, sondern vor allem ihren Gewinn steigern.* Eine verbreitete betriebswirtschaftliche Regel. Warum, aufgrund welcher Voraussetzungen ist sie einleuchtend?

3. *Man sollte in der Kindererziehung ohne Schläge auskommen.* Sagen Sie nicht nur mit dem Gefühl »ja«, sondern zeigen Sie, unter welchen Voraussetzungen dies einleuchtend ist.

Das sind schwierig zu knackende Nüsse. Aber ohne Übung lernen Sie nicht.
Wogegen Übung und Erfahrung aber nicht helfen, ist dies: *Jede* Argumentation muss von irgendwelchen Voraussetzungen ausgehen. Diese mögen so klar und einleuchtend erscheinen wie auch immer – es sind Voraussetzungen, und sie *können im Prinzip bestritten werden.* Irgendwann verliert aber jeder Gesprächspartner die Lust, auf immer weitere Voraussetzungen zurückzugreifen. Dies gilt um so mehr, als ja jedes Kind bald begreift, wohin dieses Spiel führt: ins Endlose. Ein endloser Meinungsstreit kann aber nicht der Sinn eines Gespräches sein; vielmehr soll ja – wenn auch unter großen Mühen – einmal eine Einigkeit erreicht werden.
Ein geschickter Diskussionspartner ist in der Regel deswegen geschickt, weil es ihm gelingt, Voraussetzungen anzubringen, die der andere zu akzeptieren bereit ist. Gehen Sie einmal von dem obigen Beispiel aus, dass Gott das Universum geschaffen habe, und stellen Sie sich einen Gesprächspartner vor, der ein naturwissenschaftlich orientierter Mensch ist. Welche der beiden Möglichkeiten ist dann zu bevorzugen?

1. *Die Bibel ist das zuverlässige Wort Gottes. Die Bibel berichtet von der Erschaffung des Universums durch Gott.*
2. *In der Natur hat alles, was existiert, eine Ursache. Auch das Universum existiert ja.*

Sie können im Prinzip beide Voraussetzungspaare vor den Satz »Es muss einen Gott geben, der das Universum geschaffen hat« stellen. Und Paar Nr. 1 hat sogar den formalen Vorteil, dass in ihm schon von Gott die Rede ist, während man bei Paar Nr. 2 fragen könnte, ob diese Ursache denn Gott sein müsse. Dennoch ist gegenüber einem Naturwissenschaftler die Einführung von Paar Nr. 2 als Argumentation intelligenter, denn als Wissenschaftler wird er Ihnen die Bibel nicht einfach als Voraussetzung ›schenken‹.

Freilich muss auch der geschickteste Diskussionsteilnehmer oft erleben, dass seine Bemühungen scheitern. Wenn nämlich jeder der Gesprächspartner sich auf Voraussetzungen zurückzieht, die von den anderen Teilnehmern partout nicht akzeptiert werden. Es wäre ziemlich naiv, darin nur eine Beschränktheit des Gegners zu sehen. Dumm und verstockt wie er ist, will er meine erleuchtete Wahrheit einfach nicht einsehen! Nein, so einfach steht es nicht. Denn umgekehrt ist er ja wahrscheinlich der Ansicht, dass Dummheit und Verstocktheit ganz auf meiner Seite liegen. Oft redet man in einer solchen Gesprächssituation davon, dass der andere – natürlich immer der andere! – durch *Vorurteile* bestimmt sei.

Unter einem Vorurteil kann man einfach ein Urteil zu einem Thema verstehen (eine Ansicht, eine Meinung, eine Überzeugung), das bei jeder Argumentation, die dieses Thema betrifft, zugrunde gelegt wird. Ein Vorurteil stellt daher eine Voraussetzung dar, die nicht selbst begründet, mit deren Hilfe aber begründet wird. Nimmt man die soeben entwickelten Gedanken ernst, dann sind Vorurteile im Denken also unumgänglich. Niemand, der argumentiert, kommt ohne Voraussetzungen, mithin ohne Vorurteile aus. Daher ist es nichts Anrüchiges, Vorurteile zu haben. Vielleicht sollte man sie besser ›Vor-Urteile‹ nennen: Urteile, die wir zugrunde legen, bevor wir nachzudenken beginnen. Ihre Existenz ist freilich ebenso wenig etwas Gleichgültiges. Denn von unseren Voraussetzungen, also unseren Vor-Urteilen, hängt es ja ab, zu welchen Schlussfolgerungen wir kommen werden. Und ebenso hängt es von ihnen ab, ob unser Gesprächspartner unsere Argumentation einleuchtend finden wird: nämlich nur dann, wenn er unsere Vor-Urteile teilt.

Gerade wegen dieser Abhängigkeit unserer Argumente von unseren Voraussetzungen ist es bei Meinungsverschiedenheiten im Gespräch oft sinnvoll, sich selbst solche Vor-Urteile, von denen wir ausgehen, bewusst zu machen und sie dem anderen mitzuteilen. Man kann dann feststellen, welche Voraussetzungen man teilt, welche nicht und ob unterschiedliche Voraussetzungen zu gemeinsamen werden könnten, indem man sie auf Voraussetzungen solcher Voraussetzungen zurückführt, die dann vielleicht doch gemeinsam sind.

Das klingt nun doch schon sehr kompliziert ... und ist es leider häufig auch, wenn man miteinander diskutiert. Ich möchte aber doch versuchen, hierfür ein möglichst einfaches Beispiel zu geben. Nehmen wir zwei Gesprächspartner an, A und B mit Namen, und verfolgen wir ihre Diskussion:

A: »Ich finde, wir sollten uns eine Katze als Haustier anschaffen. Ich fühle mich dann nicht immer so allein, wenn du auf Geschäftsreise bist.« Erkennen Sie These und Argument?

B: »Aber was sollen wir mit so einem Tier tun, wenn wir in Urlaub fahren?« B spricht seine Gegenthese nicht aus: *kein* Haustier; er beschränkt sich auf ein Gegenargument.

A: könnte nun einen Vorschlag zur Unterbringung der Katze im Falle einer Urlaubsreise machen und würde dadurch das Gegenargument entkräften; aber wir wollten ja die Voraussetzungen verfolgen und lassen A daher sagen: *»Hör mal, ich bin es leid, immer nachzugeben. Du hast dich schon durchgesetzt mit dem neuen Auto. Jetzt bist du dran, mal nachzugeben.«* Hier erkennen wir die Voraussetzungen: (1) Partner in einer Beziehung sollten sich abwechseln mit Nachgeben und Durchsetzung. (2) Ich habe beim letzten Mal nachgegeben. (3) Also …

B: »Es ist doch wohl kaum sinnvoll, wenn wir nach Schema F immer abwechselnd bestimmen, was geschieht. Wir müssen doch in jedem Falle vernünftig überlegen und dann entscheiden. Und eine Katze anzuschaffen, ist einfach unvernünftig.« B bestreitet die Voraussetzung (1) von A und geht stattdessen von folgenden Voraussetzungen aus: (1) Partner in einer Beziehung sollten (nicht abwechselnd, sondern) nach vernünftigen Gesichtspunkten entscheiden. (2) Die Anschaffung einer Katze ist unvernünftig. (3) Also … Eine schwierige Gesprächssituation. Eine Einigung scheint unmöglich wegen der unterschiedlichen Voraussetzungen. A hat aber einen Einfall:

A: »Eigentlich mag ich ja lieber eine Katze. Aber wie wäre es, wenn wir uns statt dessen einen Hund anschaffen? Den könnten wir mit in den Urlaub nehmen!« Was hat A hier getan? Offensichtlich widerspricht A nicht den Voraussetzungen von B, gibt freilich auch die eigenen Voraussetzungen nicht auf, sondern schlägt einen *Kompromiss* vor, der den Voraussetzungen beider Gesprächspartner entspricht.

Ein solcher Kompromiss ist natürlich eine ganz alltägliche Strategie und für die Beilegung vieler Streitigkeiten sehr zu empfehlen. Logisch gesehen, geschieht dabei Folgendes: Man führt, ohne das ausdrücklich zu sagen, eine neue Voraussetzung ein – aber eine solche, auf die beide Partner sich verständigen können. Im vorliegenden Fall sieht das etwa so aus:

(1) Wenn zwei Gesprächspartner von unterschiedlichen Voraussetzungen ausgehen, sollte man eine Einstellung suchen, die den Voraussetzungen beider Partner gerecht wird.
(2) Die Anschaffung eines Hundes statt einer Katze wird als Vorschlag von A sowohl den Voraussetzungen von A (abwechselnd bestimmen; ich bin dran) als auch den Voraussetzungen von B (vernünftig entscheiden; Katze ist unvernünftig) gerecht.
(3) Also …

(1) formuliert den Kompromiss als (mögliche) gemeinsame Voraussetzung der gegensätzlichen Voraussetzungen von A und B; (2) macht klar, worin der Kompromiss in diesem Falle besteht; und (3) ist dann der eigentliche neue Vorschlag, der durch (1) und (2) als Argumente begründet und aus ihnen abgeleitet wird.
Leider ist ein Kompromiss in zahlreichen Streitfragen nicht geeignet. Nämlich in solchen Fragen, die als Antwort ein Entweder-Oder erfordern. Als Beispiel kann man an Themen wie Todesstrafe oder Abtreibung denken. Nehmen wir an, A und B würden darüber streiten, dass B eine Schwangerschaft durch Abtreibung beenden möchte.
B könnte als Voraussetzungen (Argumente) für ihren Wunsch (ihre These: ich darf …) angeben, dass (1) eine Frau über ihren Körper selbst bestimmen darf und (2) eine Schwangerschaft nun einmal Sache ihres Körpers ist.
A, damit nicht einverstanden, könnte als Voraussetzungen für seinen Wunsch (seine These: du darfst nicht …) angeben, dass (1) niemand menschliches Leben töten darf und (2) Abtreibung eben Tötung eines menschlichen Lebens ist.
Ein Kompromiss fällt mir jedenfalls hierzu nicht ein. Genauso wenig wie bei der Frage, ob ein Mörder hingerichtet werden sollte. Für den Fall der Todesstrafe kann ich aber immerhin ein anderes Vorgehen vorschlagen, welches eine

– möglicherweise gemeinsame – Voraussetzung der gegensätzlichen Voraussetzungen beinhaltet:

> *A: Gleiches soll mit Gleichem vergolten werden. Ein Mörder hat menschliches Leben getötet. Also soll er getötet werden.*
> *B: Man darf nicht Böses mit Bösem vergelten. Ein Mörder tut etwas Böses, indem er einen Menschen tötet. Dieses Böse darf nicht mit Bösem vergolten werden, indem man nun den Mörder tötet.*

Die erste Voraussetzung von A widerspricht der ersten Voraussetzung von B vollkommen. Da man einen Mörder nur entweder (wie A es will) töten oder (wie B es will) nicht töten kann, existiert kein Kompromiss. Oben gab es neben der Anschaffung einer Katze und Nichtanschaffung einer Katze eine dritte Möglichkeit: die Anschaffung eines Hundes – hier nicht. Aber kann man vielleicht anders weiterkommen? Gesucht wird eine Voraussetzung, die beide Gesprächspartner gemeinsam haben bzw. haben könnten, die daher den Voraussetzungen, die sie geäußert haben, nicht widerspricht. Ich formuliere diese mögliche Voraussetzung zunächst einmal so, wie sie im Gespräch ganz unabhängig von der logischen Form geäußert werden könnte:

> *Es kommt vor, dass ein Gericht sich bei der Verurteilung eines Täters irrt: der Fall des Justizirrtums. Indizien und Zeugenaussagen können in die falsche Richtung weisen. Selbst ein Geständnis kann falsch sein – z. B. dazu dienen, einen geliebten Menschen zu decken. An diese Möglichkeit des Justizirrtums sollte man denken, indem man nur solche Strafen verhängt, die notfalls wieder gutgemacht werden können. Dies ist aber nur bei Geld- und Haftstrafen, nicht bei der Todesstrafe möglich.*

Gliedert man diesen Gedanken, dann formuliert die Argumentation als neue Voraussetzungen (1) eine Feststellung über die Möglichkeit von Justizirrtümern, was die Rechtsprechung durch mögliche Wiedergutmachung berücksichtigen sollte, und (2) die Feststellung, dass eine solche Wiedergutmachung bei der Todesstrafe nicht möglich ist. Also ...

In diesem Falle kommt man zwar nicht zu einem Kompromiss (den es hier ja nicht gibt), aber doch zu einer Entscheidung (gegen die Todesstrafe), welche die gegensätzlichen Voraussetzungen von A und B *unentschieden* lässt. Ob man dem Vergeltungsprinzip folgt oder nicht, ist plötzlich für die anstehende Frage nicht mehr wesentlich, weil die neue, hoffentlich A und B gemeinsame Voraussetzung sich darauf nicht mehr bezieht und dem also auch nicht widerspricht.

Leider kann man aus solchen Einfällen keine schematische Gesprächsstrategie ableiten, die man nur in der Art eines Rasters anzuwenden braucht. Es geht bei aller Logik im Gespräch nicht ohne Phantasie und Einfallsreichtum. Die Logik zeigt lediglich, wo man diese Phantasie ansetzen sollte: bei den Voraussetzungen – unseren Vor-Urteilen.

5.
Verdeckte Voraussetzungen

Wenn Voraussetzungen in jeder Argumentation eine so wichtige Rolle spielen, dann ist es bedauerlich, dass in den meisten alltäglichen Gesprächen diese Voraussetzungen *nicht*, schon gar nicht vollständig genannt werden. Warum nicht? Es wäre manchmal überflüssig und umständlich, sie zu nennen: wenn sie unbestritten sind; manchmal wäre es auch unklug, sie zu nennen: wenn sie fragwürdig und bestreitbar sind. Für die *Beurteilung* freilich sind sie allemal wesentlich, denn sie enthalten ja die Begründung.
Kommt einem also ein Gedanke spanisch vor, zweifelt man an seiner Berechtigung, dann hilft es nichts: man muss nach seinen Voraussetzungen fragen. Auch dies will geübt sein. Schauen wir uns also wiederum einige Beispiele an:

> *Wir müssen an der nächsten Tankstelle halten. Der Tank ist fast leer.*

Sie erkennen die zugrunde liegende Struktur in dieser Aussage: *Behauptet* wird, dass man an der nächsten Tankstelle halten müsse, und *begründet* wird dies mit dem fast leeren Tank. Das klingt ganz unproblematisch, und niemand wird bei einer solchen Äußerung nach einer weiteren Voraussetzung fragen. Dies aber nicht, weil es keine gäbe, sondern deshalb, weil sie selbstverständlich ist. Um welche zusätzliche Voraussetzung handelt es sich? Nun, es muss eine sein, welche eine *Verbindung* herstellt zwischen dem Fakt (beinahe leerer Tank) und der Forderung (Halt an der nächsten Tankstelle). Diese Verbindung machen wir deutlich, indem wir eine *Regel* formulieren: Wenn der Tank leer ist, muss man tanken, damit das Auto weiterfährt. Das ist doch klar, oder? Dennoch ist es für die Logik der Argumentation unverzichtbar. Wir erhalten jetzt:

(1) Wenn der Tank leer ist, muss man tanken, damit das Auto weiterfährt.
(2) Der Tank ist (fast) leer.
(3) Wir müssen tanken (damit das Auto weiterfährt).

Erst in dieser Form ist der Gedanke komplett. Den Satz (1) kann man dennoch im täglichen Gespräch weglassen, und zwar deshalb, weil er als selbstverständlich gilt, nicht weil er logisch nicht benötigt würde. Man kann sich einen Beifahrer vorstellen, der keine Autos kennt – ein Kind etwa oder einen Außerirdischen, je nach Phantasie. *In diesem Falle* wäre der ganze Gedanke keineswegs ohne Satz (1) verständlich, sondern der Beifahrer könnte denken: »Tank leer? Na und? Warum müssen wir dann halten? Worin besteht da der Zusammenhang?« Der wird eben durch Satz (1) hergestellt. Dass Satz (1) auf einem *technischen* Zusammenhang beruht, kommt noch hinzu, und ein neugieriger Beifahrer wird sich gleich danach erkundigen, sobald er verstanden hat, dass ein solcher Zusammenhang besteht. Dies wird klar, indem er sich Satz (1) bewusst macht. Man kann die Notwendigkeit einer solchen unausgesprochenen Voraussetzung auch daran erkennen, dass der Schluss mit einer *anderen* Voraussetzung nicht funktionieren würde, nicht zwingend wäre. Ersetzen Sie im obigen Beispiel versuchsweise (1) durch: »Wenn der Tank leer ist, muss man das Autoradio anschalten« oder »Wenn der Tank leer ist, kann man weiterfahren« – Sie kämen so nie und nimmer zu (3)!
Nehmen wir ein weiteres Beispiel:

In Russland hungern die Kinder. Wir müssen ihnen helfen.

Auch an diesem Beispiel wird zunächst kaum jemand etwas vermissen. Aber was tun Sie, wenn ein sehr skeptischer oder sehr hartherziger Mensch Sie fragt, worin denn da der Zusammenhang bestehe? Auf eine solche unverschämte Frage kommt sicherlich die fassungslose Antwort:

Aber man muss doch Menschen in Not helfen!

Und genau damit haben Sie die Argumentation vollständig beisammen:

> *(1) Menschen in Not muss man helfen.*
> *(2) In Russland sind Menschen (Kinder) in Not.*
> *(3) Man muss den Kindern in Russland helfen.*

Sollte der Gesprächspartner sehr kritisch sein, dann wird er fragen, ob es den Kindern in Russland denn *wirklich* so schlecht gehe, schlechter etwa als bei uns? Er wird dann also die Voraussetzung (2) bezweifeln, und ich bin ziemlich sicher, wie Sie dann vorgehen würden: Sie würden diese Voraussetzung Ihrer Argumentation durch Erfahrungen oder Zeitungsberichte stützen ... und damit das tun, was ich in Kapitel 4 als erstes von zwei Verfahren genannt habe.
Was aber, wenn dieser Gesprächspartner nicht nur sehr kritisch, sondern auch noch *sehr hartherzig* ist – so hartherzig, dass er die *erste* Voraussetzung bezweifelt: »Warum eigentlich muss man Menschen in Not helfen? Mir hilft auch keiner!« Ich wüsste gerne, wie Sie *dann* vorgehen. Vergessen Sie Kapitel 4 nicht!

Als Trainer sind Sie eine totale Niete! Unsere Mannschaft hat schon seit acht Spielen nicht mehr gewonnen.

Sagt der Vereinsvorsitzende. Auch er macht dabei eine unausgesprochene Voraussetzung, und zwar eine, die der Trainer vermutlich bestreiten wird. Jedenfalls täte er gut daran, sie zu bestreiten, wenn er der Schlussfolgerung (»Als Trainer sind Sie eine totale Niete!«) nicht zustimmen will. An der *ausgesprochenen* Voraussetzung (»Unsere Mannschaft hat schon seit acht Spielen nicht mehr gewonnen.«) gibt es vermutlich nichts zu deuteln. Genau deswe-

gen wird sie wohl auch offen auf den Tisch gebracht. Aber wie lautet die *unausgesprochene* Voraussetzung?
Seltener ist es, wenn eine Schlussfolgerung ohne *beide* Voraussetzungen geäußert wird. So etwas spricht entweder für eine sehr große Selbstverständlichkeit oder eine sehr große Unsicherheit:

> *Jetzt reicht es!* (sagt die Mutter zum Kind) *Du bekommst eine Woche Fernsehverbot!*

Wenn sie damit ohne Geschrei durchkommen will, muss zwischen den beiden klar sein, dass das Kind irgendetwas angestellt hat. Und es muss zumindest stillschweigend eine Regel existieren, dass bei bestimmten Vergehen eine Strafe zu erwarten ist. Etwa so:

> *(1) Wenn du das nächste Mal deine Hausaufgaben nicht machst, werde ich dich bestrafen.*
> *(2) Du hast erneut deine Hausaufgaben nicht gemacht.*
> *(3) Daher ...*

Hoffen wir für den Erziehungserfolg, dass (1) und (2) klar sind und nur deshalb nicht genannt werden.
Ein Beispiel für eine totalamputierte Schlussfolgerung, diesmal aber aus schlechtem Gewissen, ist Folgendes:

> *Deutschland den Deutschen – Ausländer raus!*

Ich gestehe, dass ich mir fast verschroben vorkomme, weil ich dies überhaupt noch als Schlussfolgerung behandle. Möglicherweise steckt ein Rest von Hoffnung dahinter: Hoffnung, dass auch im Hirn eines Menschen, der solche Parolen grölt, noch minimale Denkvorgänge vorkommen. *Wenn* das so sein sollte, dann lauteten sie wohl in etwa so:

(1) In jedem Land sollten nur Einheimische leben dürfen.
(2) In Deutschland leben nicht nur Einheimische, sondern auch Ausländer.
(3) Daher …

Satz (2) ist natürlich keine Überraschung und auch nicht strittig. Aber was soll man zu Satz (1) sagen? Ist diese Voraussetzung begründbar? Ist sie überhaupt ernsthaft diskutierbar? Besser, wir erwähnen sie gar nicht! Das Ergebnis ist dann diese ›nackte‹ Parole.
Leider sind solche und ähnliche Einstellungen gar nicht so selten und keineswegs nur bei Rechtsextremisten vorhanden. Daher ist zu erwarten, dass jeder Mensch, der überhaupt mit anderen diskutiert, einmal auf ein solches Denken stoßen wird. Aus diesem Grunde habe ich der »Logik des Fanatismus« ein eigenes Kapitel (nämlich Kapitel 7) gewidmet.
Um das Ergebnis zusammenzufassen:

- Jede Argumentation besteht aus einer Schlussfolgerung (der These) und aus Voraussetzungen (den Argumenten), aus denen die These folgt bzw. folgen soll.
- Diese Voraussetzungen werden oft nicht, zumindest nicht vollständig erwähnt.
- Das kann daran liegen, dass diese Voraussetzungen als selbstverständlich angesehen werden, oder daran, dass sie so schwach sind, dass ein Verschweigen taktisch klüger ist.
- Für die kritische Auseinandersetzung mit der Schlussfolgerung ist es wichtig, sich diese unausgesprochenen Voraussetzungen bewusst zu machen.
- Wenn sie dann geklärt sind, kann man vorgehen, wie ich es in Kapitel 4 beschrieben habe.

Eine Alternative dazu, einen Gedanken durch Verschweigen seiner Prämisse(n) plausibler erscheinen zu lassen, stellt das Verfahren dar, diese Voraussetzung zwar auszusprechen, sie aber so zu formulieren, dass sie sich von selbst zu verstehen scheint und man ihr deswegen kaum zu widersprechen wagt. Wenn ein Politiker z. B. behauptet: »Die Belastungen für Autofahrer durch Benzinsteuern dürfen nicht weiter erhöht werden, denn die Verteufelung der Autofahrer in Deutschland muss ein Ende haben!«, dann wird wohl niemand aufstehen und erwidern: »Ich bin aber *für* die Verteufelung von Autofahrern!« Und wenn ein anderer Politiker sagt: »Die Rückholung von Fluchtkapital, das dem deutschen Finanzamt durch Überweisung ins Ausland entzogen worden ist, muss ohne Schaum vor dem Mund diskutiert werden!«, dann steht nicht zu erwarten, dass jemand dagegenhält, *er* habe aber bei diesem Thema selbstverständlich Schaum vor dem Mund.

Weil diese Voraussetzungen so gestaltet sind, dass niemand wagen würde, das Gegenteil zu behaupten, erscheint eine Zustimmung fast zwingend.

Eine solche Gesprächstaktik läuft im Grunde darauf hinaus, *jeden* Gegenstandpunkt völlig unvernünftig und daher nicht ernst zu nehmend erscheinen zu lassen. Damit erweist sich dieses Vorgehen als eine Form der Absicherung gegen jede Art von Kritik, wie sie in Kapitel 7 behandelt werden soll.

6.

Verallgemeinerung

Erinnern Sie sich an das, was in Kapitel 4 gesagt worden ist: Sie können versuchen, die Voraussetzungen Ihrer Argumentation durch *Erfahrung* (Beobachtungen oder, systematischer, Experimente) zu stützen. Das kann schwierig werden, wenn der andere diese Beobachtungen nicht selbst gemacht hat, möglicherweise gar nicht machen kann. Etwa wenn Sie Erfahrungen über die Zustände in einem anderen Land auf einer Reise gewonnen haben, während Ihr Gesprächspartner dieses Land nicht kennt. Oder wenn er den Fernsehbericht, auf den Sie sich berufen, nicht gesehen hat. Dieser Schwierigkeit können Sie begegnen, indem Sie sich – so weit wie möglich – auf allgemein zugängliche Erfahrungen berufen.

Weit grundsätzlicher und schwerer – wenn überhaupt! – ist ein anderes Problem zu lösen. Nehmen wir an, Sie unternehmen mit Ihren Kindern einen Ausflug in die Natur. Nach der Art der Pfadfinder wollen Sie auf technische Hilfsmittel weitgehend verzichten und ganz traditionell zelten. Auf ein warmes Getränk möchten Sie aber doch nicht verzichten. Sagen wir: Sie möchten einen Tee aufgießen. Sie müssen daher Feuer machen, und zwar mittels Streichhölzern und Brennholz. Brennholz will gesammelt werden und sollte trocken sein. Leider hat es kürzlich geregnet, und mit aller Mühe gelingt es Ihren Kindern lediglich, drei oder vier kleine, aber trockene Zweige an der Feuerstelle zu versammeln. Da stehen Sie nun mit Ihrem Wasser und dozieren: »Das reicht nicht, Kinder. Wasser bringt man bei 100°C zum Kochen, und das kriegen wir mit so wenig Holz nicht hin.« Die Kinder nicken gläubig, und die Stimmung sinkt auf den Nullpunkt. Das Leben in der Natur ist hart. Das Leben mit der Logik nicht weniger. Man kann über die logisch exakte Formulierung Ihrer kurzen Argumentation streiten, aber in etwa wird sie so ausschauen:

(1) Wasser siedet bei 100°C.
(2) Dies hier im Topf ist Wasser.
(3) Es siedet bei 100°C.

(1′) Um Wasser zum Sieden (auf 100°C) zu bringen, benötigt man trockenes Holz von der Menge X.
(2′) Dieses Holz hier ist weniger als die Menge X.
(3′) Mit diesem Holz kann man Wasser nicht zum Sieden bringen.

Dass es sich bei der Flüssigkeit im Topf um Wasser handelt (2) und dass die zur Verfügung stehende Holzmenge kleiner als X ist (2′), wissen die Beteiligten aus Erfahrung. Sie haben die Flüssigkeit einer Quelle entnommen, und die Zweige haben sie gezählt. Anders steht es mit den Sätzen (1) und (1′): Dabei handelt es sich nicht um beobachtbare Einzelfälle, sondern um allgemeingültige Regeln. Allgemeingültig heißt: sie gelten *immer.* Wie aber wollen Sie *das* beobachten?
Wenn wir uns die Sache genauer anschauen, dann fällt sogar noch auf, dass Sie bei der Überzeugung »Dies hier im Topf ist Wasser« (2) folgendermaßen vorgegangen sind:

(1″) Was in einer Quelle fließt, ist Wasser.
(2″) Die Flüssigkeit hier im Topf stammt aus einer Quelle.
(3″) Die Flüssigkeit im Topf ist Wasser.

Sie haben also die Information »Dies hier im Topf ist Wasser« gar nicht einfach aus einer Beobachtung (etwa einer chemischen Analyse) gewonnen, sondern mittels einer *Kombination* von einer Erfahrung (2″) mit einer allgemeingültigen Regel (1″). Übrigens würde auch ein Chemiker nicht anders vorgehen können, wenn er eine Analyse der

Flüssigkeit im Labor vornähme. Denn er müsste bei seinem Experiment eine Erfahrung (Beobachtung) mit Überzeugungen zu gewissen Messmethoden kombinieren, und das sind wiederum (allgemeingültige) Regeln. Etwa so:

> *(1''') Mittels des Testverfahrens T kann man Wasser identifizieren.*
> *(2''') Das Testverfahren T ist im Falle der vorliegenden Flüssigkeit positiv verlaufen.*
> *(3''') Also handelt es sich bei der vorliegenden Flüssigkeit um Wasser.*

Sie benötigen – auch um nur eine einzelne Beobachtung zu machen! – in *jedem* Falle eine solche Regel. Selbst wenn Sie etwas bloß sehen, müssen Sie, um das, was Sie sehen, auch für wahr halten zu können, eine Überzeugung von der Funktionstüchtigkeit Ihrer Wahrnehmungsorgane voraussetzen. Und dies ist wiederum eine Regel: »Wann immer (*immer*! – da haben Sie die Regel) ich ohne Drogen- und Alkoholeinfluss bei normaler Beleuchtung einen Gegenstand sehe, dann …«

Wir müssen uns also darüber klar werden, wie man aus einzelnen Beobachtungen Regeln ableiten kann. Eine Beobachtung ist, logisch gesehen, *immer* eine einzelne; das heißt nichts weiter, als dass sie sich auf eine begrenzte Zahl von Fällen bezieht, während die Regel eine solche Begrenzung nicht kennt.

Anders verhält es sich nur dann, wenn Sie über *alle* Mitglieder Ihres Kurses reden (sagen wir: zwanzig) und Sie alle diese (zwanzig) Mitglieder aus Erfahrung kennen. Aber so *ganz* anders liegt selbst dieser Fall nicht, denn Sie müssen ja – wie gesagt – Ihren Beobachtungsfähigkeiten trauen.

Das Problem tritt, genauer gesagt, immer dann auf, wenn Sie eine begrenzte Zahl von Fällen geprüft haben und dann über diese Zahl hinausgehen und *verallgemeinern*. Sie wissen dann nicht, jedenfalls nicht ohne weiteres, ob das, was

Sie für diese begrenzten Fälle beobachten konnten, auch für die (noch) nicht beobachteten, weiteren Fälle gilt.
Es hängt mit den geschilderten Problemen einer jeden Verallgemeinerung zusammen, dass die im Gespräch so beliebten Beispielfälle eine allgemeine Behauptung zwar veranschaulichen, aber nicht beweisen können, selbst wenn Sie hundert Fälle beibringen könnten. *Widerlegen* kann man eine solche allgemeine Aussage freilich durch einen einzigen Fall – zumindest im Prinzip; denn wenn es auch nur *ein* Gegenbeispiel gibt, dann kann man nicht mehr davon sprechen, dass etwas *immer* der Fall sei.

Leider ist dieses ganze Problem aus einem sehr wichtigen Grunde unumgänglich: Wir *können* uns im Leben nicht auf die Fälle beschränken, mit denen wir Erfahrungen gesammelt haben. Wenn Sie in Ihr Auto steigen und den Zündschlüssel betätigen, dann haben Sie eine bestimmte Erwartung, was dann passiert. Dieses erwartete Ereignis liegt noch in der *Zukunft*. Sie wissen aber nichts von der Zukunft, denn darüber können Sie keine Erfahrungen besitzen; Sie wissen nur etwas darüber, was bisher, also in der *Vergangenheit*, passiert ist. Da wir bei unserem Handeln zukünftige Ereignisse einplanen müssen (*müssen*! – versuchen Sie einmal, ohne das zu handeln!), sind bisherige Erfahrungen auf die Zukunft zu übertragen, d. h. zu verallgemeinern. Nur wenn folgender Schluss gilt, sind wir dazu berechtigt:

> *(1) Immer* (und das heißt: auch in der Zukunft!) *wenn ich den Zündschlüssel betätige, springt das Auto an.*
> *(2) Ich betätige jetzt den Zündschlüssel.*
> *(3) Daher wird* (Zukunft!) *das Auto jetzt anspringen.*

Sie sehen, wie hier, damit (3) plausibel ist, (1) als allgemeingültig und damit als auch in Zukunft wahr aufgefasst werden muss, *obwohl Sie dazu keinerlei Erfahrung außerhalb der Vergangenheit besitzen.*

Dies gilt für *jedes Handeln*, mit dem irgendeine Erwartung für die Zukunft verbunden wird. Und es ist, wie gesagt, kaum zu sagen, was Handeln außerdem sein könnte.

Wenn Sie diesen Gedankengang aufmerksam und kritisch verfolgt haben, dann fällt Ihnen vielleicht auf, dass auch ich hier verallgemeinere: »jedes Handeln« usw. Man kann ohne weiteres sagen, dass auch dieses Sprechen eine Verallgemeinerung darstellt. Zu meiner Verteidigung kann ich hier nur anführen, dass ich *diese* Verallgemeinerung zwar durch (einzelne) Beispiele illustriert, aber *logisch* (und das heißt: nicht durch Beobachtungen) begründet habe. Es scheint so zu sein – ich hoffe das jedenfalls! –, dass es bestimmte Verallgemeinerungen gibt, die plausibel sind, *weil* sie nicht aus Erfahrungen, sondern logisch abgeleitet werden. Das Problem liegt in diesem Falle ›nur‹ darin, dass auch die logische Argumentation von *Voraussetzungen* ausgehen muss. Erinnern Sie sich dazu an Kapitel 4. Von weiteren Voraussetzungen, die in der Logik gemacht werden, soll später (vor allem in den Kapiteln 9, 17 und 18) noch die Rede sein.

Die Frage, die uns hier beschäftigen soll, ist die, ob und wie man solche Verallgemeinerungen von Erfahrungen rechtfertigen kann.

Eine ganz nahe liegende Antwort lautet: dank *Wahrscheinlichkeit*. Wenn das in den bisherigen Fällen immer so war, dann ist das *wahrscheinlich* auch in den anderen Fällen so.

›Wahrscheinlich‹ ist natürlich nicht dasselbe wie ›gewiss‹. Und im Falle des kochenden Wassers könnten Sie hoch auf dem Berg eine Überraschung erleben, falls Sie sich den Spaß machen, dort den Siedepunkt zu messen: er ist – jedenfalls in den bisher beobachteten Fällen! – vom Luftdruck abhängig, liegt also *nicht* immer bei 100° C. Sie tun daher gut daran, bei Ihren Verallgemeinerungen die *Umstände* (die Bedingungen, unter denen Sie Ihre Beobachtungen gemacht haben) zu berücksichtigen. Die Regel gilt vermutlich nur unter vergleichbaren Umständen. An dem grundsätzlichen Problem, dass wir unsere Erkenntnis über den Bereich des Beobachteten hinaus verallgemeinern müssen, ändert das freilich nichts. Es schützt nur etwas besser vor Überraschungen.

Versuchen wir es also mit Wahrscheinlichkeiten. Wenn Sie, beispielsweise, zehnmal Menschen in Gelddingen vertraut haben und diese Menschen Sie enttäuscht haben, dann gilt es als *wahrscheinlich*, dass (Regel:) man Menschen in Gelddingen nicht trauen kann. Wenn Sie es hundertmal versucht haben, ist – so nehmen wir an – die Regel *noch wahrscheinlicher* geworden. Sie *könnten* damit dem elften bzw. dem hundertundersten Menschen Unrecht tun, denn Wahrscheinlichkeit ist nicht Gewissheit. Aber es wäre unklug (wegen der Wahrscheinlichkeit), darauf zu setzen. Immerhin rät uns dieser Standpunkt zu einer gewissen Vorsicht: Wir können, wenn wir Erfahrungen sammeln, *nie* vor Überraschungen sicher sein. Und es ist sicherlich eine Sache der Klugheit, an diese Möglichkeit zu denken.

Dies ist ein alltägliches Verfahren. Anscheinend ist dies so, weil es sich im Alltag bewährt. Soll wohl heißen: weil es sich im Alltag *in den meisten Fällen* (also wahrscheinlich) bewährt. Denn natürlich haben Sie hier wiederum Ihre bisherigen Erfahrungen (die Fälle, in denen es sich bewährt hat) verallgemeinert und daraus eine Regel gemacht. Bei *dieser* Regel handelt es sich anscheinend *nicht* um eine Wahrscheinlichkeitsaussage, denn Sie werden vermutlich nicht behaupten: »Es ist wahrscheinlich, dass die bisherigen Erfahrungen wahrscheinlich allgemeingültig sind.« Vielleicht ist dieser Gedanke kleinlich und für den Alltag wenig ergiebig. Ein logisches Problem drückt er, streng genommen, dennoch aus.

Was im Alltag eine größere Rolle spielt, ist der Fall, dass die bisherigen Erfahrungen eben *nicht* immer das gleiche Ergebnis gehabt haben. Nehmen wir zum Beispiel an, Sie haben *bei neun von zehn Fällen* in Gelddingen mit Menschen schlechte Erfahrungen gemacht. Sie können dann natürlich nicht eine Regel für die Zukunft formulieren, die *alle* Menschen über einen Kamm schert. Vielmehr können Sie so vorgehen:

> *(1) In den meisten Fällen (neun von zehn) kann man Menschen in Gelddingen nicht trauen.*
> *(2) Jetzt steht wieder eine Geldangelegenheit mit einem Menschen an.*
> *(3) Also kann ich ihm wahrscheinlich nicht trauen (mit einer Wahrscheinlichkeit von 9:1).*

Was Sie in diesem Falle tun, ist: auf der Basis von bisherigen Erfahrungen eine wahrscheinlich immer gültige Regel formulieren, die selbst eine Wahrscheinlichkeit enthält (inklusive Unsicherheits- und Überraschungsfaktor). Auch hierbei kommen Sie also zu einer *doppelten* Wahrscheinlichkeit: 1. Die bisherigen Erfahrungen gelten wahrscheinlich auch in der Zukunft; 2. die bisherigen Erfahrungen ergeben keine strenge Allgemeingültigkeit, sondern nur eine bestimmte Wahrscheinlichkeit. Es ist ohne weiteres möglich, dass die künftigen Erfahrungen einen Wert von 8:2 oder 7:3 usw. ergeben werden.

Nun ist klar, dass eine doppelte Wahrscheinlichkeit einen doppelten Unsicherheitsfaktor beinhaltet, denn *jede* Wahrscheinlichkeitsaussage macht ja ein stillschweigendes Zugeständnis: So *ganz* sicher können wir ihrer nicht sein.

Eine andere mögliche Reaktion auf das Problem der Verallgemeinerung ist folgende: Nehmen wir einen Arzt, der seinem Patienten ein Mittel gegen Verstopfung verordnet. Dieses Mittel ist vor seiner Einführung auf dem Markt ›klinisch‹ (wie man sagt), d. h. an Versuchspersonen, getestet worden. Deren Darm hat die gewünschte Reaktion gezeigt – in allen Fällen oder mit einer bestimmten Wahrscheinlichkeit. Man hat sogar einer Kontrollgruppe ein Placebo-Präparat verabreicht und die Resultate verglichen. So weit, so gut. Was man natürlich *nicht* getan hat, ist, das Medikament

an dem Patienten zu testen, dem es nun verschrieben wird. Wenn der Arzt und der Patient hoffen, dass es auch bei diesem wirkt, so liegt hier wiederum eine Verallgemeinerung vor, eine Übertragung von geprüften auf weitere Fälle. Statt jetzt von einer Wahrscheinlichkeit (oder der Wahrscheinlichkeit einer Wahrscheinlichkeit) zu sprechen, kann der Arzt auch sagen, dass das Medikament wirken werde, weil der Patient einen genau gleich gebauten Darm besitzt wie die Versuchspersonen in den klinischen Tests.
Ähnlich ginge es beim Wasserkochen, wenn man sich auf den Standpunkt stellt, dass erhitztes Wasser sich deshalb genauso verhalten wird wie Wasser in früheren Fällen, weil es sich schließlich in allen Fällen um *Wasser* handelt.
Hierbei ist offensichtlich eine verdeckte Voraussetzung wirksam, die recht häufig verwendet wird – in aller Regel, ohne sich dessen bewusst zu werden: Gleiches verhält sich unter gleichen Umständen gleich. Die Schlussfolgerung lautet dann:

(1) Gleiches verhält sich unter gleichen Umständen gleich.
(2) Die Därme der Versuchspersonen und die Därme des Patienten sind gleich; das in den klinischen Tests verwendete und das jetzt dem Patienten verschriebene Medikament sind gleich.
(3) Also wird das Ergebnis der Einnahme des Medikaments durch den Patienten das gleiche sein wie in den klinischen Tests.

Das klingt recht plausibel. Dass in den klinischen Tests vielleicht nur 80 % der Versuchspersonen mit dem Medikament ihre Verstopfung beheben konnten, beantwortet der Arzt mit der Erwartung, dass das Mittel auch nur mit einer entsprechenden Wahrscheinlichkeit bei seinem Patienten wirken wird. Das gleiche Verhalten, wie es in (1) ausgedrückt wird, bezieht sich dann also nur auf die Wahrscheinlichkeit.

Sehen wir einmal von dieser Einschränkung ab, dann bleiben doch zwei Probleme:

1. Wie soll man dieses Prinzip (1) begründen bzw. rechtfertigen? Sagt man: »Das war bisher auch immer so«, dann hat man sich erneut das Verallgemeinerungsproblem eingehandelt. Und entsprechend unsicher ist dieses Prinzip.

2. Was ist, wenn sich einmal der gleiche Stoff unter gleichen Umständen *nicht* gleich verhalten sollte? (In dem Fall, dass man sich auf eine Wahrscheinlichkeit festgelegt hat, hieße das: wenn die Wahrscheinlichkeit in neuen Fällen nicht 80 %, sondern nur noch z. B. 55 % betragen sollte.) Um das Prinzip (1) zu retten, kann man sich dann auf den Standpunkt stellen, dass es sich ›offensichtlich‹ nur *scheinbar* um den gleichen Stoff handele. Sagen wir z. B.: »Das, was ich hier erhitze, ist gar kein Wasser, sondern sieht nur so ähnlich aus. Deshalb verhält es sich nicht gleich.« Möglich ist das durchaus, auch wenn Sie keinen allzu hohen Betrag darauf verwetten sollten, dass das, was der Patient in seinem Bauch hat, in Wahrheit gar kein Darm ist. Immerhin kann man diese Möglichkeit in Betracht ziehen. Sollten Sie aber allein aus der Tatsache, dass sich das Objekt nicht gleich verhält, die Schlussfolgerung ziehen, dass es sich gar nicht um ein gleiches Objekt handeln *könne*, dann geraten Sie bedenklich in die Nähe eines geschlossenen Weltbildes, das durch keine mögliche Erfahrung mehr in Frage gestellt werden kann. Sie müssten dann z. B. Wasser so *definieren*, dass zu seinen Eigenschaften das Sieden bei 100° C gehört; tut es das nicht, dann *kann* es gar kein Wasser sein. Es gibt also immer einen Weg, eine Verallgemeinerung – und um eine solche handelt es sich bei Prinzip (1) – gegen künftige Erfahrungen abzusichern. Die Vorzüge und Nachteile eines solchen Vorgehens sollen in Kapitel 7 dargestellt werden.

Ein im Alltag häufiger Fall von Verallgemeinerung sind die sogenannten Klischees:

Rheinländer feiern gerne Karneval.

Die Jugend heute bewahrt die traditionellen Werte nicht mehr.

Türken haben schwarze Haare und braune Augen.

Der Verbraucher akzeptiert derzeit keine Preiserhöhungen.

All diese – und ähnliche – Sätze kommen daher wie allgemeingültige Aussagen. Ich bin aber ziemlich sicher, dass jeder, der sie äußert und den man darauf anspricht, zugeben wird, dass sie nicht eigentlich allgemeingültig gemeint sind. Nicht *jeder* Rheinländer feiert gerne Karneval; *einige* Jugendliche respektieren auch heute noch die traditionellen Werte; nicht *alle* Türken sind schwarzhaarig und braunäugig; *einige* Verbraucher würden durchaus eine Preiserhöhung akzeptieren. Gemeint ist doch wohl, dass auf die *Mehrheit* der Rheinländer, Jugendlichen und Türken diese Aussagen zutreffen – d. h. auf mehr als 50 %. Wenn diese Vermutung zutrifft (und da kann man ja zur Not nachfragen), dann handelt es sich auch hier um Aussagen über eine *Wahrscheinlichkeit*. Ernsthafte Kandidaten für eine Ausnahme von der Regel »Allgemeingültige Aussagen können nicht auf Erfahrung gegründet werden« sind diese Sätze sicherlich nicht. Wir behalten also auch hier die Unsicherheit, wenn wir es mit einem Rheinländer, Jugendlichen, Türken oder Verbraucher zu tun haben: Wird auch auf *diesen* Menschen die Regel zutreffen?

Wir haben uns damit von einem Ideal verabschiedet – einem Ideal, das man »Gewissheit durch Erfahrung« nennen könnte. Erfahrungswissen ist kein unbedingt zuverlässiges Wissen. Jeder weitere, neue Fall kann anders aussehen. Und erinnern Sie sich, dass diese Unsicherheit nicht nur bei direkten Verallgemeinerungen besteht, sondern auch

bei »verdeckten« Verallgemeinerungen in Einzelbeobachtungen (Kapitel 5).
Sie können, wenn Sie ein vorsichtiger Mensch sind, aus diesem Umstand auch eine weitergehende Konsequenz ziehen, nämlich sich auf den Standpunkt stellen, dass diese Wahrscheinlichkeiten und wahrscheinlichen Wahrscheinlichkeiten Ihnen ein zu trüber Grund sind, auf den Sie Ihr Leben nicht bauen möchten. Es gibt eine Alternative: Verzichten Sie auf Wahrscheinlichkeiten und gehen Sie stattdessen von einem anderen Standpunkt aus. Dieser besteht darin, dass Sie sich zu irgendeinem anstehenden Thema 1. eine Vermutung bilden (eine Hypothese) und Sie 2. diese Vermutung durch Erfahrungen testen. Die Vermutung hat durchaus den Charakter einer Regel, d. h., Sie formulieren sie so, dass sie *immer* (und damit auch in der Zukunft, was wir ja benötigen) gilt. Nur, es handelt sich um nicht mehr als eine Vermutung. Bestätigt Ihre Erfahrung diese Vermutung, dann behalten Sie sie bei. Bestätigt die Erfahrung die Vermutung *nicht*, dann denken Sie sich 3. eine neue Vermutung aus, die keinen weiteren Bedingungen entsprechen muss als der einen: mit den bisherigen Erfahrungen übereinzustimmen. Und in dieser Weise spielen Sie dann das 1-2-3-Spiel weiter. So verfügen Sie immer über eine Hypothese, die sich mit den bisherigen Erfahrungen deckt, und diese Hypothese behalten Sie so lange bei, bis eine Erfahrung Sie dazu veranlasst, zu einer neuen Hypothese zu wechseln, die sich auch mit *dieser* Erfahrung in Einklang befindet.
Dazu kann man sich folgendes Beispiel denken:

> *Sie sind Englischlehrer und planen Ihren Unterricht.*
> *1. Sie vermuten, dass Salingers »Der Fänger im Roggen« Jugendliche interessiert, Sie damit also einen motivierenden Unterricht gestalten können.*
> *2. Sie lassen das Buch in der 11c anschaffen und erproben seine Wirkung.*
> *3. Die Klasse war selten so gelangweilt. Vier Schüler er-*

kundigen sich sogar bei der Oberstufenleitung, ob sie Englisch nicht abwählen können.

Nun können Sie Ihre Hypothese (1) aufgeben und durch eine andere ersetzen:

> *1'. Sie vermuten, dass Joseph Hellers »Catch 22« Jugendliche interessiert, Sie damit also usw.*
> *2'. Sie lassen im folgenden Schuljahr das Buch in der 11b anschaffen und erproben seine Wirkung.*
> *3'. Die Klasse ist begeistert. Viele Schüler erkundigen sich nach den Bedingungen für Englisch als Leistungskurs.*

Nun können Sie Ihre Hypothese 1' beibehalten und es im nächsten Schuljahr erneut mit »Catch 22« versuchen. Es kommt also zu einem erneuten Test, und je nach dessen Ergebnis entscheiden Sie neu.

Hierbei erkennt man freilich auch zwei Schwächen dieses Verfahrens:
- Im Alltag wird es meist nicht so sein, dass »Der Fänger im Roggen« *nie*, »Catch 22« aber *immer* Anklang findet. Die meisten Erfahrungen lassen sich eher in Wahrscheinlichkeiten ausdrücken. Deswegen ist es nicht sehr geschickt, einen einzigen Versuch über Ihre Vermutung entscheiden zu lassen, auch wenn, streng genommen, eine einzige negative Erfahrung ausreicht, die Allgemeingültigkeit der Hypothese zu verneinen.
- Dass im ersten Fall die Klasse 11c nicht auf Salinger anspringt, kann, muss aber keineswegs an Salinger liegen. Es sind ganz andere Erklärungen denkbar: bestimmte Umstände, die den *an sich* sehr attraktiven »Fänger im Roggen« nur in diesem Falle zu einem pädagogischen Missgriff machen. Solche Umstände könnten sein: ein vorangehender sehr schlechter Englisch-Unterricht gerade in dieser Klasse, der zur Voreingenommenheit führt; in der Klasse

gibt es interne Konflikte, die zu einer Ablenkung vom eigentlichen Unterricht führen; die Stunden des Englisch-Unterrichts liegen zufällig direkt im Anschluss an die Stunden eines sehr autoritären und Widerstand hervorrufenden Lehrers – ein Effekt, der sich nun auf Ihren Unterricht überträgt. Viele weitere Umstände dieser Art sind denkbar.

Beide Aspekte führen dazu, dass Sie keineswegs aus Erfahrungen eindeutige Erkenntnisse für irgendeine Regel erwarten dürfen. Sie behalten einen großen Spielraum für Interpretationen, und vielleicht ist es klüger, in Wahrscheinlichkeiten zu denken. Der anders lautende Vorschlag ist aber so berühmt, dass ich ihn hier doch erwähnen wollte[5].

Schauen wir uns noch ein sehr krasses Beispiel an, aus dem hervorgeht, wie weit die Möglichkeiten reichen, Erfahrungen für oder gegen eine Hypothese zu verwenden:

> 1. *Wenn man bei Neumond in Anwesenheit einer Jungfrau über einem Stein das Wort ›Abrakadabra‹ spricht, verwandelt sich der Stein in Gold.* Dies sei die – etwas abseitige, aber nicht frei erfundene – Hypothese.
> 2. *Ein Magier nimmt zur Zeit des Neumondes im Beisein einer Jungfrau einen Stein und spricht die magischen Worte.* Das ist nun der Test, das Experiment.
> 3. *Überraschung! Der Stein verwandelt sich nicht in Gold.*

Als vernünftiger Mensch sehen Sie Ihre persönliche Vermutung bestätigt: die Hypothese der Magie taugt nichts. Der Magier denkt darüber jedoch anders. Er bezweifelt die Jungfräulichkeit der ›Jungfrau‹; er vermutet, der Mond habe sich hinter Wolken verborgen – von Neumond keine Rede; er zieht in Betracht, das magische Wort etwas undeutlich gesprochen zu haben. Kurz, er hält seine Hypothese für *nicht* widerlegt. Nun kann ein oft endloser Streit über Jungfrauen, Mondkalender usw. beginnen. Oder Sie können den Versuch wiederholen. Nehmen Sie aber nun einmal an, der Stein zeige wahrhaftig bei näherem Hinsehen eine gelbliche Farbe. Die Überraschung ist nun ganz auf Ihrer Seite. Hand aufs Herz: Würden Sie sich jetzt – im Prinzip – anders verhalten als der Magier bei seinem Misserfolg? Würden Sie nicht vermuten, einem Trick aufgesessen zu sein? Ist aus dem Stein *wirklich* Gold geworden? Hat der Magier ihn nur blitzschnell gegen einen Goldklumpen vertauscht? Auch in diesem Falle kann es zu einem endlosen Streit oder zu einer Wiederholung des Versuchs kommen, bei der Sie sich bemühen, ganz genau aufzupassen. Und wir reden hier über etwas so Schlimmes wie Betrug. Wenn Sie in anderen Fällen noch Umstände wie schlichten Zufall, Suggestion, Placebo-Effekte oder ähnliches in Betracht ziehen, dann können Sie sich vorstellen, wie schwierig es ist, Hypothesen wie homöopathische Wirkungen von Medikamenten, Wahrsagen, Geistheilen, aber auch die Zuverlässigkeit von Menschen, Ursachen von Computerdefekten usw. mit halbwegs eindeutigen Ergebnissen zu überprüfen.

Im Grunde *muss* man nie zugeben, dass eine bestimmte Regel (Hypothese) widerlegt oder bewiesen ist. Vielmehr werden wir erneut verwiesen auf Häufigkeiten und Wahrscheinlichkeiten. Wenn eine Annahme (Hypothese) nie oder nur sehr selten im Versuch das gewünschte (vorhergesagte) Ergebnis zeitigt, dann ist es nicht sehr gescheit, im Leben auf sie zu setzen. Es kann natürlich sein, dass wir nur noch nicht kapiert haben, welche Umstände hartnäckig den Erfolg verhindern. Aber irgendwann verlieren doch die meisten Menschen die Geduld und wenden sich Annahmen zu, die besser funktionieren. Und ›besser‹ bedeutet oft einfach: häufiger.

Da dieses Kapitel einerseits sicherlich nicht ganz einfach war, es andererseits aber von großer praktischer Bedeutung ist, dürfen wir die Zusammenfassung der Ergebnisse nicht vergessen:

- Da wir im Leben oft auf Prognosen künftiger Ereignisse angewiesen sind, diese sich jedoch nur auf Erfahrungen mit bisherigen Ereignissen stützen können, müssen wir unsere bisherigen Erfahrungen verallgemeinern.
- Solche Verallgemeinerungen weisen eine ›logische Lücke‹ auf: die Menge der bisherigen Ereignisse ist nicht gleich der Menge aller Ereignisse. Künftige Ereignisse können anders verlaufen als die bisherigen.
- Diese Lücke kann man notdürftig schließen durch Wahrscheinlichkeitsannahmen ohne Anspruch auf Gewissheit (»Wahrscheinlich wird es auch in Zukunft so sein«) und oft auch ohne Anspruch auf eigentliche Allgemeingültigkeit (»Es wird wahrscheinlich in neun von zehn Fällen so sein«).
- Man kann diese Lücke auch, ebenfalls behelfsmäßig, schließen durch Aufstellung von Vermutungen ohne Gewissheitsanspruch – Vermutungen, die dann an Einzelfällen überprüft und gegebenenfalls geändert werden: »Ich gehe bis auf weiteres davon aus, dass …«. Jedoch führt dieses Verfahren oft selbst bei der Beurteilung des Einzelfalles nicht zu eindeutigen Ergebnissen.
- In beiden Fällen müssen wir uns von der Erwartung befreien, es ließe sich irgendeine auf Erfahrung gegründete Gewissheit erreichen. Jede auf Erfahrungen bezogene Verallgemeinerung beinhaltet ein Risiko, einen Unsicherheitsfaktor.

Die Zukunft behält also etwas Rätselhaftes, Unberechenbares.

7.

Logik des Fanatismus

Geschlossene und offene Welt

Wenn es sich so verhält, dass wir Auffassungen, die etwas Allgemeingültiges behaupten (Regeln, Gesetzmäßigkeiten, in einem weiteren Sinne: Theorien, Weltbilder), nie durch Erfahrungen beweisen, ja nicht einmal widerlegen können; wenn es sich so verhält, dass wir etwas über unsere Erfahrungswelt und die Zukunft nur mit mehr oder weniger großer Wahrscheinlichkeit oder in der Form von Vermutungen behaupten dürfen – dann stehen wir vor einer wichtigen Wahl:

• Wir können die Sicherheit bevorzugen. Wir können Gewissheit und Allgemeingültigkeit beibehalten, weil ein Leben mit ständiger Unsicherheit uns unerträglich erscheint. Wir müssen uns dann allerdings gegen unliebsame Erfahrungen absichern. Dies nenne ich ein ›geschlossenes Weltbild‹.

• Oder wir können Sicherheit, Gewissheit und Allgemeingültigkeit für verzichtbar halten. Wir können – frohen Herzens oder zähneknirschend – die Sicherheit geringer schätzen als die Neugier auf Überraschungen, als die Redlichkeit gegenüber Erfahrungen oder als das Staunen über das, was alles möglich ist. Dies nenne ich ein ›offenes Weltbild‹[6].

Wir haben keinen Grund, diese beiden möglichen Standpunkte allein schon deshalb zu bewerten, weil das eine ›geschlossen‹ und das andere ›offen‹ ist. Geschlossenheit klingt ein wenig nach Bunkermentalität, Offenheit nach Freiheit – und das ist auch nicht ganz falsch. Aber zunächst handelt es sich um zwei mögliche Lebenseinstellungen, deren Vorzüge und Nachteile doch erst noch geprüft werden wollen. Sollte man sich *dann* – nach der Prüfung – für eine von beiden entschieden haben, müsste man sich

auch noch Gedanken machen, wie man mit der anderen Lebensform umgehen kann.
Meine persönliche Entscheidung ist klar, und ich kann Ihnen nicht versprechen, dass ich die andere, das ›geschlossene Weltbild‹, voraussetzungs- und vorurteilslos (denken Sie an Kapitel 4!) darstellen werde. Aber ich hoffe doch, auch als Verteidiger des ›offenen Weltbildes‹ über die gegenteilige Einstellung etwas Sinnvolles sagen zu können.
Gehen wir wiederum von Beispielen aus und schauen wir uns folgende Gedankensysteme an:

(1)
Gott ist der Schöpfer und Herrscher des Universums.
Als solcher gibt er uns Richtlinien vor.
Diese Richtlinien finden wir in der Heiligen Schrift. Hier können Sie sich eine beliebige denken.
Diese Heilige Schrift sagt uns genau, was gut (dem Willen Gottes entsprechend) und was böse (seinem Willen widersprechend) ist.
Gott hat einen bevollmächtigten Vertreter auf Erden (oder auch mehrere) eingesetzt, die uns seinen in der Heiligen Schrift ausgedrückten Willen maßgeblich interpretieren. Ihm müssen wir folgen.
Gott hat auch einen Widersacher, der seinen Willen zu durchkreuzen bemüht ist: den Teufel. Vor ihm müssen wir uns hüten.
Dieser Teufel führt uns auf allerlei Wegen in Versuchung.
Das hier Gesagte wird so gelehrt von dem Vertreter Gottes auf Erden.
Wer mit dem hier Gesagten übereinstimmt, ist ein Anhänger Gottes.
Jeder, der ihm widerspricht, ist ein Werkzeug des Teufels.

Das ist eine ziemlich, aber nicht ungewöhnlich lange Reihe von Gedanken. Vielleicht fällt Ihnen hier bereits ein ›Trick‹ auf. Falls nicht, dann aber sicherlich bei folgendem zweiten Beispiel:

> *(2)*
> *Die Psychoanalyse lehrt uns unsere unbewussten Triebe kennen.*
> *Sie entlarvt damit etwas, das unsere Zu- oder Abneigungen bestimmt, ohne dass uns das normalerweise (ohne Psychoanalyse) klar wäre.*
> *Wer die Psychoanalyse kritisiert bzw. in Frage stellt, tut dies, weil sie ihm seine unbewussten und ihm unangenehmen wahren Motive klar macht.*

Sie erkennen den ›Trick‹, sobald Sie versuchen, einer dieser beiden Weltanschauungen zu *widersprechen*. Ihr Gesprächspartner nickt *und fühlt sich bestätigt*! Plötzlich müssen Sie feststellen, dass Ihre Kritik – dass *jede mögliche* Kritik – bereits in seinem Weltbild vorgesehen ist. Beachten Sie: Jeder beliebige Einwand, er sei so intelligent wie auch immer, kann so aufgefasst werden, dass er das, wogegen er sich richtet, bekräftigt. Der ›Trick‹ besteht einfach darin, jede Kritik bereits in die Weltanschauung einzubauen, und zwar genau so: dass er sie bewahrheitet.
Der Vorteil dieses Verfahrens ist ungeheuer und fällt sofort ins Auge: Wer ein solches Weltbild vertritt, ist absolut sicher vor jeder Kritik. Sehen wir vom Standpunkt des Anhängers einer solchen Weltanschauung eine mögliche Kritik einmal als Erfahrung an, die er mit seinem Weltbild machen kann. Er glaubt an Gott und muss (in einem Erfahrungsprozess) feststellen, dass andere seinen Glauben nicht teilen, ihn gar in Zweifel ziehen. Er muss feststellen, dass er sich mit seinem Glauben allerlei Schwierigkeiten in der Welt einhandelt. Und immer hat er – schon vorab – die Antwort: Dies sind Versuchungen des Teufels, und es kommt darauf an, ihnen zu widerstehen. Oder er glaubt an

die Psychoanalyse (jedenfalls an das, was er dafür hält[7]) und erlebt, wie andere sie als unwissenschaftlich bezeichnen. Er erlebt vielleicht, wie die Psychoanalyse ihn zu höchst unangenehmen Annahmen über sich selber führt und seine dunkelsten Seiten ›aufdeckt‹. Und auch er verfügt schon über eine Antwort: All diese Ablehnung resultiert selbst aus unbewussten Trieben, deren Aufdeckung die Psychoanalyse gerade leistet.

Wer in solcher Weise glaubt, hat die durch das kritische Denken verloren geglaubte Gewissheit, die absolute Sicherheit wiedergewonnen (falls er sie jemals verloren hatte)! Und er ist abgesichert gegen alle möglichen Erfahrungen, gegen jede zukünftige Überraschung – die für ihn nun gar keine Überraschung mehr ist, weil er ja zumindest ihre Struktur schon kennt.

Dieser immense Vorteil – niemand, der jemals unter Zweifel und Unsicherheit gelitten hat, wird ihn gering einschätzen – muss freilich teuer bezahlt werden, und zwar gleich mehrfach:

1. Manche Menschen werden das, was hier mit aller Anstrengung ausgeschlossen werden soll, als Verlust empfinden und nicht als Gewinn: Ungewissheit, Überraschung, Erfahrung von wirklich Neuem, Ungeahntem – vielleicht sogar das Erlebnis, die Welt plötzlich unter ganz neuen Gesichtspunkten sehen zu können. All das fehlt dem ›geschlossenen Weltbild‹.

2. Der ›Trick‹, diese raffinierte Strategie, jeden Einwand schon in das System einzubauen – er kann für *jede beliebige Weltanschauung* verwendet werden. Dass ein solches Weltbild absolut sicher vor Einwänden ist, macht keinen *speziellen* Vorteil von ihm aus, sondern ist ein Vorteil, der jedermann zur freien Verfügung steht: dem Christen so gut wie dem Muslim, dem deutschen Nationalisten ebenso wie dem türkischen, dem Esoteriker und auch dem Physiker. Sie alle müssen nur in ihre – ansonsten beliebigen – Überzeugungen *die eine*, alles entscheidende Klausel einbauen: »Wer dies bestreitet, ist böse/dumm/arrogant, er ist

ein Werkzeug des Teufels oder unwissenschaftlich; er ist was auch immer, jedenfalls als Kritiker nicht ernst zu nehmen.« Natürlich kann man sogar das Weltbild (1) vollkommen umdrehen, wenn man denn Satanist ist, so dass jeder Kritiker sich mit seiner Kritik als Werkzeug des ›guten‹ Gottes erweist. Hauptsache, es ist sichergestellt, dass man *durch das Äußern von Kritik* auf der falschen Seite steht, welche auch immer das sein soll.

3. Ein weiterer Preis, den man für diese Absicherung einer Weltanschauung zu zahlen hat, ist der, dass man höllisch aufpassen muss, sich mit seinem Gesprächsgegner ja nicht auf ein ›richtiges‹ Gespräch mit Argumenten einzulassen. Denn man verfügt ja selbst über kein einziges Argument außer diesem einen, das aber für jede beliebige Ansicht verwendet werden kann, sogar für die des Gegners (wenn der ein bisschen boshaft ist). Glaubt man hingegen, *außer* diesem Trick noch über ›echte‹ Argumente zu verfügen, wie etwa Wunder, Heilungserfolge usw., dann beginnt gleich ein völlig anderes Spiel: nämlich eines, bei dem diese Argumente geprüft und abgewogen werden müssen. Denn Argumente haben es an sich, dass ihre Kraft sich *nur* in diesem Prüfungsverfahren bewährt, wenn sie zur Änderung einer Überzeugung führen sollen (vgl. Kap. 2). Dazu ist es dann erforderlich, vorab (zumindest stillschweigend) zuzugeben, dass *im Prinzip* beide Gesprächspartner die besseren Argumente für sich haben könnten und dass darüber erst durch die Prüfung der Argumente entschieden werden darf. Mit anderen Worten: der Verteidiger einer solchen ›kritikimprägnierten‹ Weltanschauung gibt den entscheidenden Vorteil, den er durch seinen Trick erreicht hat, auf; er muss den Gesprächspartner ernst nehmen und damit seine eigenen Ansichten zur Disposition stellen; und wenn die eigenen Argumente sich dann schließlich als nicht überzeugend erweisen, dann kann er nicht mehr oder doch nur sehr schwer wieder auf seinen Trick zurückgreifen. Zwar ist es natürlich möglich, auch nach einer Diskussion dem Gegner zu unterstellen, er sei eben dumm, böse

und uneinsichtig; aber der Glanz der eigenen Argumente ist ramponiert (sie haben eben nicht gewirkt), und aus der scheinbar souveränen Überlegenheit ist eine Verlegenheitsstrategie geworden.
4. Schließlich hat dieser Trick noch den Nachteil, dass es sich eben um einen Trick handelt. Durchschaut der Gesprächsgegner ihn, dann besitzt er damit selbst ein starkes Argument. Er kann sagen: »Ha! So schwach ist dein Standpunkt anscheinend, dass du auf solch eine müde Masche zurückgreifen musst, die schließlich x-beliebig eingesetzt werden kann und überhaupt nichts mit einem Vorzug deiner Ansichten zu tun hat!« Gewiss, die erneute Anwendung des Tricks ist dann denkbar (»Da sieht man schon wieder, wie verstockt du bist!«), aber es liegt halt auf dem Tisch und ist schwer zu bestreiten, dass es sich um einen Trick mit x-beliebiger Verwendbarkeit handelt. Auch hier zeigt sich, dass es, will man diesen Trick verwenden, allemal besser ist, sich überhaupt auf kein weitergehendes Gespräch einzulassen.

Im Grunde handelt es sich um ein Verfahren so recht nach dem Geschmack von Fanatikern, die Instrumente wie Verunglimpfung, Verdammung, Diskreditierung, Bestrafung oder gar Scheiterhaufen und Bomben einer Diskussion vorziehen. Man kann die Existenz einer solchen Strategie geradezu als ein Kriterium dafür ansehen, ob man es mit einem Fanatiker zu tun hat. Stellt man bei einem Menschen den Gebrauch dieses Tricks fest, dann sollte man entweder das Gespräch als sinnlos vermeiden, oder man muss versuchen, ob man ihm mit den Argumenten 1. bis 4. beikommen kann. Denn das sind seine Schwächen – aber um sie einzusehen, muss er schon gegen sein eigenes Prinzip verstoßen ... und seinen Gesprächspartner ernst nehmen. Ein Versuch mit sehr unsicherem Erfolg also.
Man könnte aus diesen Überlegungen den Eindruck gewinnen, dass man es hier mit einem sehr extremen Verhalten zu tun hat. Dieser Eindruck täuscht aber. Daher werde

ich nun einige weitere Beispiele beibringen, die zeigen sollen, dass der Trick seine Verwendung oft auch bei ›ganz normalen‹ Gesprächspartnern findet. Die Tendenz zum Fanatismus ist gar nicht so selten.

Der Politiker: Die Opposition versucht mit ihren Vorwürfen gegen unsere angebliche Korruptionsaffäre nur von ihrer eigenen Konzeptlosigkeit abzulenken. Die Kritik des Gegners wird abgeblockt, indem ihm schlechte Absichten unterstellt werden. Damit ist der eigene Standpunkt ›imprägniert‹, und man braucht sich mit den Argumenten des Gegners nicht weiter zu befassen.

Der Lehrer: Mein Unterricht ist schon in Ordnung. Dass ihr euch über ihn beschwert, ist klar. Ich fordere was von euch, und ihr seid zu faul zum Arbeiten. Auch hier sichert sich jemand gegen jede Kritik ab, indem er anderen eine schlechte Absicht unterstellt. Auf jeden beliebigen Einwand gegen diese Unterstellung kann der Lehrer nun mit derselben Unterstellung reagieren: Ihr kritisiert mich nur, weil ich euch ans Arbeiten bringen will und ihr faul seid.

Der Demagoge: Die herrschende Klasse bekämpft unsere Bewegung, weil sie um ihre Macht bangt und uns als ihren gefährlichsten Gegner erkannt hat. Auch hier sichert sich jemand ab – diesmal nicht nur gegen Kritik, sondern auch gegen die Verfolgung durch Polizei und Gerichte. Natürlich könnte die ›herrschende Klasse‹ sich ebenso dieses Tricks bedienen. Es handelt sich schließlich um ein Universal-Instrument zur freien Verfügung für jeden …

Wie es einer Überzeugung der weitaus meisten Menschen entspricht, sind diejenigen, die diesen Trick anwenden, immer ›die anderen‹, nie man selbst. Dass immer ›die anderen‹ mit unsauberen Mitteln arbeiten, ist aber keine Einsicht, sondern eher ein Indiz dafür, dass man selbst ein solches Denken anwendet. Und es hat die gleiche Funktion: der Sprecher darf sich in Sicherheit fühlen – er hat den Irrtum (oder die Bosheit oder die Faulheit ...) seines Gegners in sein System eingebaut und braucht nun auf ihn nicht weiter einzugehen.

Es ist, als ob ein Teufel in uns säße, der an unser Bedürfnis nach Sicherheit, nach Gewissheit appelliert und uns auf bequeme Weise seine Befriedigung verspricht. Man muss nur jeden, der diese Sicherheit erschüttern will, für den eigentlichen Teufel halten. »Nicht ich bin der Teufel, sondern der da«, diese Versicherung ist sogar ein sehr alter Trick des Teufels.

Hüten wir uns vor ihm, indem wir uns das Ergebnis dieses Kapitels vor Augen halten:

• Viele Menschen haben den Wunsch nach Sicherheit und Gewissheit in ihren Ansichten.

• Diese Sicherheit ist durch Erfahrung nicht zu erreichen, da unsere Erfahrungen in der Vergangenheit stattgefunden haben und uns keine Gewissheit für die Zukunft liefern.

• Mit dieser Situation kann man sich abfinden und offen bleiben für die Begegnung mit Überraschungen, oder man kann sich dagegen absichern und die Gewissheit künstlich erzeugen.

• Diese Absicherung erfolgt durch einen Trick, der darin besteht, dass man jede (künftige) Kritik, jeden Einwand, jede der eigenen Theorie widersprechende Erfahrung von vornherein in die Theorie einbaut und mit einem negativen Prädikat versieht: als böse, als dumm, als Manipulation oder ähnliches.

• Ein solches Verfahren ist nicht zu widerlegen und in diesem Sinne ganz erfolgreich, muss jedoch bezahlt werden: 1. An die Stelle von Offenheit setzt man Geschlossenheit. 2. Der Trick steht jeder Theorie, sogar der gegnerischen, zur Verfügung. Insofern ist er zwar nicht widerlegbar, beweist aber auch nichts. 3. Ab jetzt muss man sich vor einem offenen Gespräch hüten, denn Offenheit muss ja vermieden werden, und da es sich 4. um einen Trick handelt, besteht die Gefahr, dass der Gegner mir auch genau das vorhält.

Die Erfahrungen, die man im Gespräch mit dem Anhänger eines geschlossenen Weltbildes macht, gehören zu den spannendsten Erlebnissen, die in einer geistigen Auseinandersetzung möglich sind. Hier kämpft jemand, der sich hinter einer ganz dicken Mauer beinahe uneinnehmbar verschanzt hat. Die einzige Schwachstelle, die er besitzt, besteht darin, – auch vor sich selbst – nicht zugeben zu dürfen, dass er sich hinter einer Mauer verschanzt hat. Seine Taktik abzuleugnen ist ein entscheidender Bestandteil seiner Taktik. An dieser Stelle, wenn überhaupt, kann man ihn packen. Und welche Überraschung, wenn man im Laufe der heftigen Auseinandersetzung feststellen muss, dass man selber sich hinter einer nicht weniger dicken Mauer verschanzt hat und damit genau das tut, was man dem Gegner vorwirft! So sind oft am Ende *beide* Seiten sehr verstört. Leider ist die menschliche Fähigkeit groß, auch diese Erfahrung wieder zu verdrängen, sich erneut hinter die Mauern seines Denkens zurückzuziehen und zu bestreiten, dass es sie gibt.

8.
Möglichkeit

Dieses Kapitel hat zu tun mit der Ungewissheit, die mit dem menschlichen Denken so ungemütlich eng verknüpft ist. Dass wir nicht wissen, was passieren *wird* (nämlich in der Zukunft) und was überhaupt passieren *kann* jenseits des Bereichs, den wir schon erforscht haben, drücken wir mit einem Begriffspaar aus, das uns jetzt beschäftigen soll: Wirklichkeit – Möglichkeit.

Was wir kennen, was wir wissen, was wir erforscht haben – ist das Wirkliche. »Es ist wirklich so«, sagen Sie, wenn Sie über etwas Bescheid wissen. Sie haben es selbst erlebt, Sie haben es geprüft, Sie sind sich sicher, wie sich eine Sache verhält.

Was wir *nicht* kennen, was wir noch nicht erforscht haben, was zum Beispiel noch gar nicht eingetreten ist und deshalb auch noch gar nicht erforscht werden *konnte* – das ist das Mögliche. »Es ist möglich«, sagen Sie, wenn jemand Sie auf die Zukunft anspricht oder auf etwas, von dem Sie einfach keine Ahnung haben. Das Mögliche ist das, was wirklich *sein kann* – aber Sie wissen es nicht. Es ist das, was wirklich *werden kann* – aber es steht noch nicht fest.

Es ist also möglich, dass Ihr Fußballverein gestern sein Heimspiel gewonnen hat. Aber Sie wissen es noch nicht, weil Sie noch keine Gelegenheit hatten, sich darüber zu informieren. In diesem Falle liegt die Vergewisserung, nicht das Ereignis in der Zukunft. Es ist ebenfalls möglich, dass Ihr Fußballverein sein morgiges Heimspiel gewinnen wird. Aber auch das wissen Sie nicht, weil es noch in der Zukunft liegt.

Es hat den Anschein, als ob wir mit dem Begriff der Möglichkeit nur die Begrenztheit unseres Wissens ausdrücken wollten. Diese Begrenztheit gibt es nun mal. Wo ist das Problem?

Schauen wir uns einmal einige Beispiele an:

1. *»Es ist möglich, Ihr Konto um 5000 Euro zu überziehen«, sagt der freundliche Herr bei der Bank.*

2. *Es ist möglich, dass meine Mutter schon morgen tot sein wird.*

3. *Es ist möglich, dass innerhalb des nächsten Jahres Deutschland und Frankreich Krieg gegeneinander führen werden.*

4. *Es ist möglich, dass die Physik irgendwann ein vollkommenes Vakuum in der Natur entdecken wird.*

5. *Es ist möglich, dass man eines Tages eine Art von Eisen entdecken wird, das ganz und gar aus Kupfer besteht.*

6. *Es ist möglich, dass auf Alpha Centauri intelligentes Leben existiert, das einen völlig neuen Typ von Intelligenz darstellt, die wir nicht einmal als intelligent identifizieren würden.*

Ich weiß nicht, wie viele dieser Aussagen Sie für wahr halten werden. Für wahr halten, das hieße hier: Sie halten diese Möglichkeit für gegeben.
Das ist insofern klar, als wir nicht annehmen, dass es sich auch nur in einem dieser Fälle um ein schon wirkliches Ereignis handelt, also um etwas, das wir heute schon wissen und sicher behaupten können. Selbst wenn es diese merkwürdige Spezies auf Alpha Centauri ›wirklich‹ geben sollte, so wissen wir doch nichts davon, und insofern handelt es sich, zumindest für uns, um eine Möglichkeit.
Wir müssen aber von dem, was möglich ist, nicht nur das Wirkliche unterscheiden, sondern auch das, was *unmöglich* ist. Beim Unmöglichen handelt es sich um das, was gar nicht wirklich sein (oder werden) *kann*. Zu wissen, was unmöglich ist, erspart uns also eine Menge Arbeit (und

Unsicherheit): Das Mögliche ist das, über dessen Wirklichkeit wir nichts wissen; das Unmögliche ist aber das, von dessen Unwirklichkeit wir wissen. Um die Wirklichkeit des Möglichen können wir uns also sorgen; um die Wirklichkeit des *Un*möglichen hingegen brauchen wir uns nicht zu kümmern.

Was aber ist unmöglich? Und wie können wir das feststellen?

Wenn wir uns die Beispiele oben anschauen, fällt ein Unterschied ins Auge: Dass Sie Ihr Konto um mehr als 5000 Euro überziehen, ist technisch kein Problem; aber die Bank wird es wohl verhindern. Dass Ihre Mutter, sofern sie noch lebt, schon morgen tot sein wird, können Sie sich zwar nur mit Schmerz, aber ohne Schwierigkeiten in Ihrer Phantasie vorstellen. Wenn Sie sich anstrengen, haben Sie das Bild des Leichnams vor Ihrem geistigen Auge. Sie können sich sogar die eine oder andere Krankheit vorstellen, die dazu führen könnte. Hingegen dass Deutschland und Frankreich, beide Mitglieder der NATO und der EU, binnen eines Jahres in einen Krieg gegeneinander verwickelt werden, das kann sich zwar Ihre Phantasie technisch ausmalen, aber sich irgendwelche Umstände auszudenken, unter denen es zu solch einem Krieg kommen kann, gelingt Ihnen gar nicht oder doch nur mit großer Mühe. Was ist aber mit einem Eisen, von dem sich herausstellt, dass es völlig aus Kupfer besteht? Können Sie sich das in irgendeiner Weise vorstellen?

Unterscheiden wir folgende Fälle:

1. Wir können uns problemlos vorstellen (in unserer Phantasie), wie wir etwas tun, aber wir wissen, dass jemand versuchen wird, es zu verhindern, oder dass jemand es scharf missbilligen wird. Technisch ist ein solches Verhalten möglich, aber es ist uns *verboten* (in einem rechtlichen oder moralischen Sinne).
2. Wir können uns das Eintreten eines Ereignisses vorstellen, ohne irgendwelche grundlegenden Änderungen unseres Wissens (vor allem von Naturgesetzen, aber auch von

politischen, sozialen und psychologischen Regeln) oder unserer Art zu denken (vor allem der Logik) vornehmen zu müssen. Ein solches Ereignis ist für uns ›gut möglich‹ oder ›ohne weiteres möglich‹, denn es stimmt mit allem, was unser Wissen und Denken ausmacht, überein.

3. Wir können uns das Eintreten eines Ereignisses vorstellen, ohne unser Wissen über Natur- und Denkgesetze ändern zu müssen; hingegen müssen wir bestimmte Annahmen über politische bzw. soziale Regeln ändern. Ein solches Ereignis ist für uns ›sehr unwahrscheinlich, aber immerhin möglich‹, denn es stimmt nicht mit allen, aber doch mit den grundlegendsten Annahmen über die Wirklichkeit überein.

4. Ein Ereignis, wenn es denn einträte, würde unseren Vorkenntnissen über Naturgesetze widersprechen; es wäre aber immerhin ›denkbar‹, dass dergleichen geschieht. Es ist nicht unmöglich, so etwas zu denken bzw. sich anschaulich vorzustellen – nur mit unserem jetzigen Wissensstand in den Naturwissenschaften (der sich natürlich ändern kann) ist es nicht vereinbar: wie das vollkommene Vakuum in der Natur. Ein solches Ereignis oder ein solcher Sachverhalt ist ›logisch möglich‹, aber ›physikalisch unmöglich‹. (Die Physik steht hier einfach stellvertretend für *die* Naturwissenschaften.) ›Physikalisch unmöglich‹ ist also nur auf unseren jetzigen Kenntnisstand bezogen, und es ist im Allgemeinen sinnvoll, dies für *unmöglich* aus physikalischen Gründen zu halten; aber nur bis zum Beweis des Gegenteils, denn *vollkommen und in jeder Hinsicht unmöglich* ist es nicht.

5. Ein Ereignis ist undenkbar. Wir können uns nicht einmal vorstellen, was es hieße, dass es eintritt. Denn wenn es gegeben wäre, würde es einen *logischen Widerspruch* beinhalten. Wenn z. B. Eisen so *definiert* ist, dass es sich von Kupfer unterscheidet (und das ist der Fall), dann wäre ein kupfernes Eisen ein logischer Widerspruch. Das Metall wäre *entweder* Eisen *oder* Kupfer, aber niemals beides zugleich. Ein solches Ereignis oder ein solcher Sachverhalt ist

›logisch unmöglich‹; sein Vorkommen ist – mit unserer Logik – nicht denkbar. Weitere Beispiele dafür wären: ein eckiger Kreis, ein glatzköpfiger Langhaariger, ein lebender Toter.

6. Es bleibt der Fall des intelligenten Lebens auf Alpha Centauri, das nicht unserem Begriff von Intelligenz entspricht. Viele Menschen würden behaupten, dass dies ›logisch möglich‹, wenngleich ›physikalisch unmöglich‹ sei (und unsere naturwissenschaftlichen, diesmal biologischen Kenntnisse als sehr beschränkt einschätzen). Es handelte sich dann um Fall 4. Aber ich melde Zweifel daran an. Nehmen wir an, wir hätten eine halbwegs funktionsfähige Definition von Intelligenz; von dieser Annahme geht das Beispiel jedenfalls aus. Und wenn wir überhaupt mit dem Begriff ›Intelligenz‹ erfolgreich operieren wollen, muss er wenigstens so klar sein, dass er bestimmte Fälle (von fehlender Intelligenz) eindeutig ausschließt – auch wenn es Grenzfälle geben mag. Unser Beispiel geht nun von einem solchen Fall aus, der (eindeutig) *nicht* in diese Definition passt. Woran sollten wir aber dann *erkennen*, dass dieses Wesen auf Alpha Centauri *dennoch* intelligent ist? Es könnte allerlei merkwürdige Verhaltensweisen an den Tag legen, aber um diese als *intelligent* bezeichnen zu können, müssten sie doch unserer Definition entsprechen, oder? Welchen Sinn sollte es sonst haben, dieses Wesen intelligent zu nennen? Deshalb möchte ich den Vorschlag machen, auch ein ›sprachlich unmöglich‹ einzuführen und darunter zu verstehen: es ist unmöglich, dass etwas, das nicht unter eine bestimmte Definition fällt, unter diese Definition fällt. Sie sehen, dass es sich hier um eine ganz enge Verwandte der logischen Unmöglichkeit handelt.

Natürlich ist Fall 6 nicht gerade unserer Alltagserfahrung entnommen. Und da es sich obendrein um einen schwierigen, zweideutigen Fall handelt, möchte ich zwei weitere Beispiele dafür geben:

• *Könnte es sein (= ist es möglich), dass ein anderer Mensch eine völlig andere Auffassung von Liebe hat als wir?* Er kann freilich das Wort ›Liebe‹ unter völlig befremdlichen Umständen verwenden, etwa während er seine Frau zusammenschlägt. Aber wir würden doch sagen, dass er das Wort *falsch* gebraucht, jedenfalls nicht so, wie es bei uns üblich ist. Seine Empfindung wäre dann eine, die wir nicht ›Liebe‹ nennen; und wir hätten keinerlei Grund, unseren Sprachgebrauch zu ändern, bloß weil er das Wort anders gebraucht.

• *Ist es möglich, dass jemand seinem Auto gegenüber eine religiöse Ehrfurcht empfindet?* Auch hier kommt es auf die Wortbedeutung an: *wenn* wir unter ›Religion‹ eine Bindung an eine höhere Macht als wir Menschen verstehen und unter ›Auto‹ einen von Menschen gemachten Gegenstand, dann kann ein Mensch sein Auto noch so sehr hochschätzen – eine religiöse Beziehung könnten wir das nicht nennen.

Man kann den Fall 6 wohl so charakterisieren, dass wir, sobald wir Wörter definieren, auf diese Definitionen auch festgelegt sind und es insofern unmöglich ist, gegen sie zu verstoßen. Natürlich kann man Definitionen ändern (aus irgendwelchen Gründen) – aber: wenn wir von anderen Menschen verstanden werden wollen, sollten wir das nicht individuell, sondern kollektiv tun; und wenn wir es dann tun, dann sollten wir uns auch an die neue Definition halten. Wer von diesem Verfahren abweicht, tut etwas ›sprachlich Unmögliches‹, was dann heißt: etwas, das gegen die sprachlichen Verständigungsregeln verstößt. Er kann das tun, aber wir können dann nicht mehr verstehen, was er meint.

Sollte also ein künftiger Raumfahrer auf Alpha Centauri ein Wesen entdecken, das er als intelligent bezeichnet, ohne dass es unserer Definition von Intelligenz entspräche, dann sollte man ihn nicht fragen: »Stimmt das auch?«, sondern: »Was meinst du dann mit ›intelligent‹?«

Wir haben, wenn Sie diesem Ergebnis zustimmen sollten, vier Arten von Möglichkeiten:

- das von den moralischen und rechtlichen Regeln Erlaubte,
- das uneingeschränkt (mit all unserem Wissen übereinstimmende) Mögliche,
- das, was möglich ist, wenn wir bestimmte soziale und ähnliche Erfahrungen außer Kraft setzen, und
- das, was möglich ist, wenn wir bestimmte Naturgesetze außer Kraft setzen.

Und zugleich haben wir fünf Arten von Unmöglichkeit, von denen zwei allerdings eng verwandt sind:

- das moralisch bzw. rechtlich Verbotene (»Dein Benehmen ist unmöglich!«),
- das unseren sozialen, psychologischen usw. Erfahrungen gemäß Unmögliche,
- das unseren naturwissenschaftlichen Erkenntnissen gemäß Unmögliche,
- das logisch Unmögliche (in sich Widersprüchliche) und
- das sprachlich Unmögliche (einer Definition Widersprechende).

Da der eckige Kreis oder das kupferne Eisen einander deshalb widersprechen, weil ›eckig‹ so *definiert* ist, dass es einem Kreis widerspricht, und ›kupfern‹ so, dass es Eisen widerspricht, muss ich zugeben, dass die beiden letztgenannten Arten kaum auseinander zu halten sind. Es handelt sich also vielleicht nur um vier verschiedene Arten. Um sprachlich sehr korrekt zu sein, sollte ich darauf hinweisen, dass ›es ist moralisch möglich‹ (= es ist erlaubt = man darf) zwar in der Umgangssprache vorkommt und deshalb hier auch berücksichtigt worden ist, dass es aber präziser ist, in solchen Fällen von ›erlaubt‹ statt von ›möglich‹ zu reden.

Ein weiterer Begriff, der in der Logik des Alltags ebenfalls eine wichtige Rolle spielt, kann nun relativ einfach ver-

ständlich gemacht werden. Es ist der Begriff der *Notwendigkeit.* Allerdings gebrauchen wir dieses Wort nicht in allen Fällen, in denen es im Grunde gemeint ist. Statt »Es ist notwendig, dass du mir das Geld bis nächste Woche zurückzahlst« sagen wir meist: »Du *musst* mir das Geld bis nächste Woche zurückzahlen«. Oder: Statt »Ein losgelassener Stein fällt notwendig zur Erde« kann man sagen: »Ein losgelassener Stein muss zur Erde fallen«.
Was wir mit ›geschieht notwendig‹ oder ›muss geschehen‹ ausdrücken, ist nicht einfach, *dass* etwas geschieht bzw. – wenn wir es in einem moralischen Sinne sagen – geschehen *soll.* Es meint vielmehr, dass das Gegenteil nicht geschehen kann, nicht geschehen darf – mit anderen Worten: dass das Gegenteil *unmöglich* ist. Und zwar in den vier (bzw. fünf) oben genannten Arten:

- Etwas kann moralisch bzw. rechtlich notwendig sein (d. h., es muss getan werden, wenn man nicht bestraft werden oder ein ganz schlechter Mensch sein will);
- etwas kann nach all unseren Kenntnissen, nach unserer Menschenkenntnis vor allem, notwendig sein;
- etwas kann nach naturwissenschaftlicher Erkenntnis notwendig sein (das Gegenteil wäre unmöglich, weil es gegen ein Naturgesetz verstieße), oder
- etwas kann aus logischen bzw. sprachlichen Gründen notwendig sein: dass ein Dreieck drei Winkel hat oder ein Single unverheiratet ist.

In jedem Falle gilt die Gleichung: notwendig ist das, dessen Gegenteil unmöglich ist.

Wozu nun sind diese komplizierten Unterscheidungen gut – im Alltag? Etwa zu Folgendem: Sie haben es mit einem Gesprächspartner zu tun, der behauptet,

- Ihr Verhalten gegenüber Ihrem Freund sei unmöglich;
- er könne Ihnen unmöglich weiterhin vertrauen;
- was Sie in den Fernsehnachrichten gesehen haben, könne unmöglich stimmen;

- der Absturz Ihres Computers könne unmöglich an dem Spiel liegen, das er Ihnen geliehen hat.

Sie können nun sich dieses ›unmöglich‹ vornehmen und prüfen, welche Art von Unmöglichkeit hier gemeint ist. Sobald Sie dann wissen, ob es sich um wissenschaftlich-technische, eine logische, eine moralische Unmöglichkeit oder eine der Lebenserfahrung handelt, können Sie entsprechend argumentieren. Sie müssen sich dann die moralische, wissenschaftliche oder logische *Regel* bewusst machen, die hier offenbar als Voraussetzung verwendet wird (Kapitel 5), und diese prüfen. Fällt Ihnen ein Einwand gegen diese Regel ein oder sind Sie der Ansicht, dass die Regel nicht auf diesen Fall passt, dann werden Sie die behauptete Unmöglichkeit mit genau dieser Begründung bestreiten können.
Ganz entsprechend liegt der Fall, wenn Ihr Gesprächspartner statt über die Unmöglichkeit über die Notwendigkeit einer Sache spricht. Denn Sie wissen nun, dass Notwendigkeit und Unmöglichkeit miteinander verknüpft sind. Für diese Erklärung (»notwendig ist das, dessen Gegenteil unmöglich ist«) sowie für die Erläuterung der logischen Unmöglichkeit (»was sich selbst widerspricht«) sind zwei Begriffe benutzt worden, die ebenfalls im Gespräch oft auftreten: Gegenteil und Widerspruch. Mit ihnen sollten wir uns jetzt befassen.

9.
Der Widerspruch

Dass sich ein Mensch selbst widerspricht, gilt im Gespräch als schwerer Fehler. Wer es bei einer Behauptung tut, riskiert, dass diese nicht ernst genommen wird. Wenn in einer Begründung ein Widerspruch auftritt, erscheint sie als misslungen. Dies soll hier nicht als selbstverständlich vorausgesetzt, sondern näher untersucht und geprüft werden.

Zuvor müssen wir freilich klären, was eigentlich ein Widerspruch ist und woran man ihn erkennt. Dies ist um so wichtiger, als ganz auffällige und leicht zu erkennende Widersprüche in einer Diskussion über Sachfragen nur selten vorkommen – gerade weil sie verpönt sind und einen sehr schlechten Eindruck machen. Die weniger leicht zu identifizierenden Fälle sind daher die interessanteren.

Nehmen wir uns als erstes Beispiel Äußerungen über ein bestimmtes moralisches Verhalten vor:

> *Ein Autofahrer fährt des Nachts über eine wenig befahrene Landstraße und sieht am Straßenrand einen menschlichen Körper. Er überlegt nun, ob er anhalten und nachschauen soll, worum es sich da handelt. Es könnte sich schließlich um einen verletzten und bewusstlosen Menschen handeln, der dringend Hilfe benötigt. Allerdings, so denkt sich der Autofahrer, könnte er auch Opfer einer Bande werden, die einen Kumpanen als Lockvogel positioniert hat, damit ein Fahrer genau das tue: anhalten und nachschauen, sodass er dann ausgeraubt werden kann. Unserem Autofahrer ist diese Situation zu riskant. Ein Handy hat er nicht dabei, sodass er sich zum Weiterfahren entschließt und sich vornimmt, von der nächsten Telefonzelle aus die Unfallhilfe anzurufen. Dass auf diese*

Weise eventuell wertvolle Zeit verloren geht, um z. B. eine starke Blutung zu stoppen, nimmt er aus Gründen der Vorsicht in Kauf.
Später berichtet er einem Freund von diesem Erlebnis und rechtfertigt sich auf dessen Kritik hin mit den Worten: »In solch einer riskanten Situation muss man keine Hilfe leisten.«

Ich hoffe, dass diese Überlegung vielleicht nicht von jedem gebilligt, aber doch verstanden werden kann. Ein Widerspruch ist bisher nicht aufgetreten. Nun kommt es aber ein Jahr später zu folgendem Erlebnis:

Der Autofahrer wird selbst zur Nachtzeit auf einer wenig befahrenen Landstraße Opfer eines Unfalls mit anschließender Fahrerflucht. Nun liegt er also seinerseits schwer verletzt, blutend und unter starken Schmerzen am Straßenrand. (Für unser Beispiel genügt es auch, dass es sich um einen ihm nahe stehenden Menschen handelt und er später von dessen Lage erfährt.) Ein anderes Auto kommt vorbei, der Fahrer zögert ... und fährt ebenfalls weiter. Offenbar hat dieser Fahrer eine ähnliche Überlegung angestellt und ist zu dem gleichen Ergebnis gekommen wie das jetzige Opfer vor einem Jahr. Der bedauernswerte Mann denkt sich gequält: »Wie kann ein Mensch nur so hartherzig sein! Man muss doch einem Verletzten helfen!«

Jetzt hat dieser Mann sich in der Tat widersprochen. Denn während er im einen Fall – als »Täter« – die Ansicht vertreten hat, man brauche in einer solchen riskanten Situation keine direkte Hilfestellung zu leisten, meint er im anderen Fall – als »Opfer«, ansonsten aber unter den gleichen Umständen –, man müsse sehr wohl das Risiko eingehen und helfen, also das genaue Gegenteil. Denn wohlgemerkt: Dieser Mann behauptet ja nicht: »Wenn ich Opfer bin (oder ein vor mir geliebter Mensch es ist), muss man helfen; wenn ich nicht betroffen bin, muss man nicht helfen.« Das behauptet er deshalb nicht, weil das Motiv für diese Unterscheidung ganz egoistisch und für andere nicht überzeugend wäre. Er vertritt einfach einmal die eine, einmal die gegenteilige Regel ohne Bezugnahme auf seine persönliche Betroffenheit. *Dass* er im einen Falle die eine Regel, im anderen Falle die andere Regel vertritt, hängt natürlich sehr wohl mit dem Unterschied seiner persönlichen Rolle zusammen; aber um sich keine Blöße zu geben, verschweigt er das und tut so, als ob er immer und unter allen Umständen dieser Meinung wäre. So verstrickt er sich aber in einen Widerspruch. Dieser Widerspruch besteht nicht darin, dass der Autofahrer im ersten Fall vorbeifährt, im anderen Fall wünscht, der Vorbeikommende möge anhalten; vielmehr liegt der Widerspruch in der jeweiligen Voraussetzung seines Verhaltens:

> *1.*
> *(1) Unter unsicheren, riskanten Umständen braucht man nicht anzuhalten und Hilfestellung zu leisten.*
> *(2) Hier sind die Umstände unsicher und riskant.*
> *(3) Also brauche* ich *nicht anzuhalten und Hilfestellung zu leisten.*
>
> 2.
> *(1) Auch unter unsicheren, riskanten Umständen muss man anhalten und Hilfestellung leisten.*
> *(2) Hier sind die Umstände unsicher und riskant.*
> *(3) Also muss* der andere *anhalten und Hilfestellung leisten.*

Man sieht deutlich, dass unsere Person in 2(1) dem Grundsatz von 1(1) widerspricht, um in 2(3) zu einer anderen Folgerung zu gelangen als in 1(3). Sie will zu dieser anderen Folgerung kommen, weil ihre Rolle in beiden Situationen unterschiedlich ist – also aus ganz egoistischen Gründen. Um diese Folgerung ›plausibel‹ erscheinen zu lassen, wird der Widerspruch in Kauf genommen. Hoffentlich bemerkt ihn niemand! Hoffentlich hört niemand davon, der *beide* Äußerungen, 1(1) und 2(1), mitbekommen hat! Unser Mensch wird nicht so unvorsichtig sein, beides *gleichzeitig* zu behaupten.

In der Straßenbahn konnte man im Juli des Jahres 2001 folgendes gut gemeintes Plakat lesen:

> **Nicht mit uns!**
> Ein Projekt im Rahmen der NRW-Initiative
> »Bündnis für Toleranz und Zivilcourage«
> Wer Menschen wegen ihrer Hautfarbe
> oder Herkunft diffamiert, bleibt draußen.

Auf den ersten Blick erscheint dieses Plakat nicht nur wegen seiner Absicht sympathisch, sondern auch logisch unproblematisch. Überlegt man aber, was »Wer Menschen wegen ihrer Hautfarbe oder Herkunft diffamiert, bleibt draußen« bedeutet, kommen einem Zweifel. Bedeutet »[der] bleibt draußen« nicht eine Diffamierung? Heißt der Satz dann nicht »Wer Menschen diffamiert, wird diffamiert«? Dann wäre das Plakat ein Aufruf zur Diffamierung von Menschen, die andere Menschen diffamieren. Es würde sich, mit anderen Worten, selber widersprechen.
Wir haben es hier mit einem Problem der Toleranz zu tun, das häufig vorkommt. Soll man tolerant auch gegenüber Menschen sein, die selber nicht tolerant sind? Bekämpft man im Namen des Toleranzgebotes Leute, die selbst nicht tolerant sind, dann gehört man auch selbst zu den Menschen, die – zumindest gegenüber einer bestimmten Personengruppe – intolerant sind. Formuliert man das Toleranzgebot hingegen so: »Seid tolerant gegenüber allen Menschen *außer* denen, die andere Menschen wegen ihrer

Hautfarbe oder Herkunft intolerant behandeln!«, dann wird der Widerspruch durch Einschränkung der Toleranz vermieden; man diffamiert dann nur eine *bestimmte* Gruppe von Menschen, darf aber – bei Gefahr eines logischen Widerspruchs – nicht *jede*, sondern nur diese Diffamierung diffamieren. Denn der Widerspruch entsteht ja dadurch, dass Toleranz gegenüber jedermann gefordert wird, worin dann auch intolerante Menschen eingeschlossen sind.

Jedenfalls liegt hier ein logisches Problem vor, das nach einem Widerspruch ›riecht‹ und zugleich das politische Problem einer Grenze der Toleranz markiert.

In einer simpleren Form kann man diese Art von Widerspruch auf einem recht verbreiteten Typ von Plakaten finden:

PLAKATE ANKLEBEN
VERBOTEN!

Wenn es sich hierbei aber doch um ein *Plakat* handelt …, dann verstößt es anscheinend gegen sein eigenes Verbot. Dabei ist durchaus klar, was gemeint ist: dass nämlich das Ankleben *jedes weiteren Plakates außer diesem* verboten ist; und dieses ist nur deshalb legal, weil es derjenige hat ankleben lassen, der darüber entscheiden darf. Aber wenn es auch so gemeint ist, so steht es doch nicht da. Darauf den Finger zu legen, ist vielleicht ein wenig kleinlich, denn immerhin ist hier der Sinn der Botschaft klar.

Wir haben es hier – wie vermutlich auch beim vorhergehenden Beispiel – mit einem Widerspruch zu tun, der dadurch entsteht, dass sich eine Aussage auf sich selbst beziehen lässt. Diese Möglichkeit soll später (in Kapitel 13) noch genauer untersucht werden.

Sehen wir uns schließlich ein viertes Beispiel eines Menschen an, der sich selbst – verdeckt – widerspricht:

Dieser Mensch ist ein deutscher Wirtschaftspolitiker, und er möchte sich gut mit einflussreichen Leuten in der Wirtschaft stellen. Daher verspricht er dem Präsidenten des Arbeitgeberverbandes, sich für eine verbesserte Gewinnsituation deutscher Unternehmer stark zu machen und zu diesem Zweck im Verein mit dem Außenminister sich für die Öffnung neuer Exportmärkte einzusetzen (z. B. durch Abbau von Zöllen) sowie für die Möglichkeit, Rohstoffe im Ausland günstiger einzukaufen als bisher im Inland. Der Arbeitgeberpräsident geht hoch befriedigt von dannen.

Der Politiker ist sehr stolz auf sich. Das kann er auch sein, soweit es seine Fähigkeit betrifft, Gesprächspartner in guter Laune aus seinem Arbeitszimmer gehen zu sehen. Weit weniger zufrieden kann er mit seiner Fähigkeit zu logischem Denken sein. Denn: der Export einheimischer Waren ins Ausland schädigt die dortige Produktion. Die Franzosen kaufen z. B. jetzt mehr deutsche und weniger französische Autos. Deswegen müssen französische Autohersteller und ihre Zulieferer Arbeiter entlassen. Dies aber hat zur Folge, dass die Kaufkraft in Frankreich abnimmt und die Franzosen *weniger* kaufen können – auch weniger deutsche Autos. Was den günstigeren Bezug von Rohstoffen im Ausland statt im Inland angeht – sagen wir: polnische statt deutscher Kohle –, so hat dies zur Folge, dass deutsche Bergarbeiter entlassen werden müssen, mithin die Kaufkraft der deutschen Bevölkerung insgesamt abnimmt. Das aber bringt die deutsche Wirtschaft, deren Interessen doch gefördert werden sollten, in Absatzprobleme. Ohne es zu wissen, hat also der Politiker sich selbst widersprochen, als er dem Präsidenten versprach, die Gewinne deutscher Unternehmen zu fördern, dazu aber Maßnahmen vereinbart hat, welche diese Gewinne gerade beeinträchtigen.

Die Situation sieht etwa folgendermaßen aus:

> *Ziel:* *Verbesserung der Gewinne deutscher Unternehmen*
> *Methoden:* *(1) Exporterleichterungen*
> *(2) Rohstoffimport*
> *Konsequenz:* *(1) Zerstörung von Kaufkraft im Exportland*
> *Konsequenz:* *(2) Zerstörung von Kaufkraft im Inland*
> *Gesamtkonsequenz:* *Keine Verbesserung der Gewinne deutscher Unternehmen*

Die Methoden führen also zu Konsequenzen, welche dem versprochenen Ziel widersprechen. Um dies zu erkennen, muss man die angewandten Methoden in ihren Konsequenzen bedenken.
Der Fall ist ganz realistisch und resultiert aus dem Gegensatz zwischen einerseits dem Ziel, die Einnahmen zu vergrößern sowie die Unkosten zu senken, und andererseits der Tatsache, dass Löhne (Unkosten für den Unternehmer!) die Kaufkraft der abhängig Beschäftigten, also die Voraussetzung für Gewinne der Unternehmen, darstellen. Dies scheint ein unserem Wirtschaftssystem innewohnendes Problem zu sein, von dem ich nicht zu sagen vermag, wie man es lösen könnte.
Jedenfalls ist der Widerspruch zwischen Ziel und Methode einer, der häufig vorkommt. Ein weiteres, ganz simples Beispiel dafür ist die Mutter, die möchte, dass ihre Kinder sie lieben (= Ziel), diese Liebe aber durch moralischen Druck und allerlei Forderungen (= Methode) zu erreichen sucht, womit sie eher die Abneigung ihrer Kinder bewirkt. Dass Ziel und Methode zweierlei sind, verdeckt den Widerspruch, macht ihn zu einem indirekten – denn ganz offene, direkte Widersprüche sind, wie gesagt, selten.

Dass ein Mensch zwei direkt einander entgegengesetzte Aussagen behauptet, kommt im Alltag am häufigsten in

Form zeitlicher Versetzung vor: Man behauptet heute, wenn die eigene Fußballmannschaft triumphal gewonnen hat, sie sei eine tolle Mannschaft, und Wochen später, wenn es eine katastrophale Niederlage gegeben hat, sie sei eine Lachnummer. Oder es handelt sich um den Fall, dass jemand der Person A gegenüber etwas behauptet, was er der Person B gegenüber bestritten hat. Hier kann es sich um ein schlechtes Gedächtnis handeln oder um die unaufrichtige Annahme, Person B wisse nichts von der Aussage, die er gegenüber Person A gemacht hat.

Halten wir fest:
Widersprüche im Gespräch treten auf, indem
1. ein Sprecher nicht bedenkt, welche Regeln und Voraussetzungen verschiedenen Äußerungen von ihm zugrunde liegen (erinnern Sie sich an Kapitel 4!);
2. einem Sprecher entgeht, wie seine Aussage über andere Ansichten sich auch auf die eigene Ansicht beziehen lässt, weil sie ganz allgemein formuliert ist;
3. ein Sprecher nicht beachtet, dass Ziel und Methode seines Vorgehens nicht zueinander passen;
4. ein Sprecher heute ›vergisst‹, was er gestern gesagt hat, oder gegenüber der einen Person ›vergisst‹, was er der anderen gesagt hat.

Diese Aufzählung ist nicht vollständig, deckt aber die am häufigsten vorkommenden Fälle ab.
Bisher haben wir die Frage umgangen, was genau einen Widerspruch ausmacht und woran man ihn erkennt. Dieses Versäumnis ist bei der ersten Orientierung verzeihlich, jetzt nicht mehr.
Am leichtesten erkennt man einen Widerspruch daran, dass ein und dieselbe Aussage einmal mit dem, ein andermal ohne den Zusatz ›nicht‹ behauptet wird. In diesem Sinne kann man auch von zwei ›gegenteiligen Aussagen‹ sprechen.

• *Bayern München ist die beste deutsche Fußballmannschaft. – Bayern München ist* nicht *die beste deutsche Fußballmannschaft.*
• *Diese Maßnahme fördert die Gewinnchancen der deutschen Unternehmer. – Diese Maßnahme fördert* nicht *die Gewinnchancen deutscher Unternehmer.*
• *Man soll auch unter riskanten Umständen Hilfestellung leisten. – Unter riskanten Umständen soll man* nicht *Hilfestellung leisten.*

An die Stelle des ›nicht‹ können auch ein ›Ja‹ und ein ›Nein‹ zur selben Aussage treten. »Bist du dieser Ansicht?« – »Ja.« Und später oder gegenüber einem anderen: »Nein.«
Um dieses ›nicht‹ (oder das ›Ja‹ und ›Nein‹) zu finden, muss man *zwei* verschiedene Aussagen miteinander vergleichen und zu diesem Zweck die erwähnten Überlegungen anstellen: Setzt die eine Aussage nicht etwas voraus, was die andere bestreitet? (»Ich muss nicht helfen« → »Man muss nicht helfen« gegenüber »Du musst helfen« → »Man muss helfen«). Denn »Ich muss nicht helfen« widerspricht »Du musst helfen« keineswegs *ohne weiteres*, weil zwar die eine Aussage ein ›nicht‹ enthält, die andere keines, *es sich aber nicht um dieselbe Aussage handelt*; das ist erst bei »Man muss helfen« – »Man muss nicht helfen« der Fall. Oder man muss die Methoden im Hinblick auf ihre Konsequenzen mit dem Ziel vergleichen. Oder es kommt darauf an, Aussagen zu verschiedenen Zeiten bzw. gegenüber verschiedenen Personen einander gegenüberzustellen.
Ich sagte, es seien *zwei* Aussagen erforderlich, um sich zu widersprechen. Dies ist freilich nicht immer so. Manche Menschen schaffen es auch, sich in *einer einzigen* Aussage selber zu widersprechen – obwohl das ziemlich selten sein dürfte. Wenn, dann geschieht das natürlich nicht durch eine Aussage mit und eine andere ohne ›nicht‹. Das ›nicht‹ versteckt sich dann in der einen Aussage. »Dieser Kreis ist

viereckig« stellt ein Beispiel für einen solchen Widerspruch dar, denn ein Kreis ist dadurch definiert, *nicht* viereckig zu sein. Ähnlich bei: »Dieses schwachsinnige Buch ist einfach großartig«, denn ›schwachsinnig‹ dürfte wohl so definiert sein, dass es Großartigkeit verneint (= *nicht* großartig). Allerdings kann man sich schwer Umstände vorstellen, unter denen jemand so etwas ernsthaft behauptet. Ernsthaft? Das heißt: in Scherzen kann es vorkommen, wie z. B. in dem bekannten Kinderlied:

Dunkel war's, der Mond schien helle
Als ein Auto blitzeschnelle
Langsam um die Ecke fuhr.
Drinnen saßen stehend Leute,
Schweigend ins Gespräch vertieft,
Als ein totgeschossner Hase
Auf 'nem Sandberg Schlittschuh lief.

Es ist klar, wo hier die Widersprüche stecken: 1. dunkel – hell (hell = nicht dunkel); 2. blitzschnell – langsam (langsam = nicht schnell); 3. stehen – sitzen; 4. schweigen – sprechen; 5. tot sein – Schlittschuh laufen.
Als ernst gemeinte Beispiele fallen mir lediglich zwei christliche Dogmen ein[8]: nämlich zum einen das von dem *einen* Gott in *drei* Personen (eins = nicht mehrere), zum anderen das von Christus als dem Gottmenschen (Mensch = nicht Gott). Von Theologen wird hier die Widersprüchlichkeit keineswegs bestritten, sondern nur gesagt, dass Gott eben über die menschliche Vernünftigkeit erhaben sei.
Eine solche Behauptung bringt uns zu der Frage, warum eigentlich Widersprüche vermieden werden sollten oder ob es nicht doch manche Fälle und Bereiche unseres Lebens gibt, in denen Widersprüche durchaus sinnvoll und keineswegs fehlerhaft sind.
Überlegen wir, worin eigentlich das *Problem* bei einer widersprüchlichen Aussage besteht. Jemand, der sagt, er

werde geliehenes Geld zurückgeben *und nicht* zurückgeben, oder er sei deutscher Staatsbürger *und kein* deutscher Staatsbürger, sagt uns ... nichts. Eine Aussage soll einen bestimmten Sachverhalt feststellen und damit einen bestimmten anderen (den gegenteiligen) Sachverhalt ausschließen. Eine Aussage nun aber, die einen bestimmten Sachverhalt feststellt *und* den entgegengesetzten Sachverhalt ebenso feststellt, gibt uns keine Information, ob nun der eine oder der entgegengesetzte Sachverhalt der Fall ist. Versprichst du mir nun die Rückgabe des Geldes oder nicht? Bist du deutscher Staatsbürger oder nicht? *Das* wollen wir wissen, aber genau darüber gibt uns eine widersprüchliche Antwort keine Auskunft.

So verhält es sich auch bei den obigen Beispielen. Wir fragen: Sollte man deiner Auffassung nach nun Menschen auch in riskanten Situationen helfen oder nicht? Sollte man keinen Menschen diffamieren, oder darf man es (jedenfalls bei bestimmten Menschen) doch? Förderst du mit deinen Maßnahmen nun die Unternehmen, oder schadest du ihnen? Auf all diese Fragen erhält man keine verständliche Antwort, wenn diese Antworten sich widersprechen.

Das Problematische an einem Widerspruch liegt also darin, dass er unser Informationsbedürfnis, welches auf ein »Ist dies oder das Gegenteil der Fall?« zielt, nicht befriedigt. Zu wissen, ob dies oder das Gegenteil der Fall ist, macht aber eine ganz grundlegende Voraussetzung für unsere Orientierung im Handeln aus. Wir müssen uns zwischen verschiedenen Möglichkeiten entscheiden, und die Behauptung eines Widerspruchs schließt diese Entscheidung aus, indem sie aus einem ›entweder – oder‹ ein ›sowohl – als auch‹ macht.

Sind nun auch Situationen im Alltag möglich, bei denen es kein ›entweder – oder‹, sondern ein ›sowohl – als auch‹ gibt? Da sind natürlich all diejenigen Fälle, in denen es sich um ein ›einerseits – andererseits‹ handelt: Fälle, wo sowohl für die eine als auch für die andere Entscheidung gewichtige Gründe sprechen. So kann beispielsweise eine Abtrei-

bung gut und nicht gut sein, nämlich gut, insofern einem Kind die Existenz als ungeliebter Ballast und der Mutter eine Überforderung erspart wird; andererseits nicht gut, insofern Abtreibung – zumindest möglicherweise – einen Mord darstellt. Ebenso kann die Todesstrafe für Mörder gut sein als eine der Tat gleichwertige Strafe sowie als – zumindest in manchen Fällen – wirksame Abschreckung; andererseits kann sie nicht gut sein, weil bei ihr ein immer möglicher Justizirrtum nicht korrigiert werden kann.
Wenn nun aber jemand sagt, Abtreibung sei gut und sei nicht gut, die Todesstrafe sei gut und sei nicht gut, widerspricht er sich dann? Sicherlich haben wir es in solchen Fällen mit Situationen zu tun, in denen Entscheidungen durch unterscheidende Aussagen nicht bzw. nur sehr schwer möglich sind. Aber um echte Widersprüche handelt es sich nach der in der Logik üblichen Auffassung nicht. Dazu muss nämlich über einen Sachverhalt *in derselben Hinsicht* Gegensätzliches ausgesagt werden. Wenn ich sage, ein Mann sei behaart (am Kinn) und nicht behaart (auf dem Kopf), dann widerspreche ich mir nicht, da ich die eine Aussage auf sein Kinn, die andere auf seinen Kopf beziehe. Sage ich hingegen, dass der Mann *am Kopf* behaart und nicht behaart sei, dann liegt ein Widerspruch vor: denn dann weiß ich nicht mehr, was nun der Fall ist, und ich kann auch nicht entscheiden, ob es sich z. B. lohnt, ihm ein Haarwuchsmittel zu verkaufen.
Natürlich zählt zu dieser Regel, sich auf ein und dieselbe Hinsicht zu beziehen, auch die Zeit, denn ein Mensch kann durchaus heute (auf dem Kopf) behaart und in zehn Jahren (auf dem Kopf) unbehaart sein. Das wird jeder verstehen, und darauf kann man auch Entscheidungen gründen.
Ein echter Widerspruch liegt also nur dann vor, wenn über einen bestimmten Sachverhalt in ein und derselben Hinsicht etwas behauptet und bestritten bzw. nicht behauptet wird. Und genau dann fehlt es uns an Information, was nun der Fall ist und was nicht, so dass wir keine Entscheidung fällen können.

Lassen wir aber noch nicht locker bei der Frage, ob es nicht doch echte Widersprüche gibt, ob also nicht trotz allem Fälle vorkommen, in denen wir über einen Sachverhalt in ein und derselben Hinsicht Gegensätzliches sagen dürfen oder sogar müssen. Es ist freilich nicht leicht, solche Fälle zu finden.
Prüfen wir Folgendes[9]: Wir können nach zwanzig Jahren einen alten Schulkameraden wiedertreffen und sagen: »Das ist doch der Peter!« Damit meinen wir: Der Mensch, dem ich jetzt begegnet bin, ist *derselbe* wie derjenige, neben dem ich vor zwanzig Jahren auf der Schulbank gesessen habe. Ebenso aber können wir zu ihm oder über ihn sagen: »Mein Gott, Peter, was hast du dich verändert!« Und damit meinen wir doch wohl: Der Mensch, dem ich soeben begegnet bin, ist *nicht derselbe* wie derjenige, neben dem ich damals gelangweilt die Bemühungen unserer Lehrer verfolgt habe. Gewitzigt durch den Hinweis oben werden wir zunächst vermuten, es sei hier von verschiedenen Hinsichten dieses Peter die Rede. Er sei nicht derselbe, weil er älter, dicker und in den Gesichtszügen faltenreicher geworden ist. Das ist sicherlich der Fall, und insofern ist Peter nicht mehr derselbe wie damals. Aber in welchen *anderen* Hinsichten ist er dann noch derselbe? Man sollte doch meinen, dass er in *allen* Hinsichten älter geworden ist. Gewiss, er trägt noch denselben Namen. Aber erstens muss das gar nicht der Fall sein (er könnte durch Heirat einen anderen Namen angenommen haben), zweitens weiß man ja bei der ersten Wiederbegegnung gar nichts davon, kann das also wohl auch nicht mit »Es ist derselbe!« gemeint haben; und drittens denken wir mit einer solchen Aussage doch an die Person und ihre Eigenschaften, nicht an ihren Namen. Um welche Eigenschaften aber könnte es sich hier handeln, da doch jedes einzelne Molekül, aus dem Peter besteht, nicht mehr dasselbe ist wie damals? Immer noch suchen wir nach einer bestimmten Hinsicht, in der er derselbe geblieben ist, damit wir uns nicht dem unangenehmen Fall eines Widerspruchs aussetzen. Man kann es mit

Peters Charakter versuchen, etwa seinem Jähzorn, den wir noch von früher kennen, als wir ohne seine Zustimmung seinen Schreibstift benutzt haben. Es spricht jedoch viel dafür, dass auch Charaktereigenschaften wohl *ähnlich* bleiben können, aber nicht genau dieselben. Etwa könnte Peters Jähzorn noch heftiger oder durch Altersweisheit ein bisschen gemäßigter geworden sein.

Allmählich werden die Kandidaten für unterschiedliche Hinsichten knapp. Nicht einmal die Erinnerung dürfte den heutigen Peter mit dem damaligen Peter identisch machen, denn vielleicht erinnert er sich an mich gar nicht mehr, während ich ihm damals, da ich neben ihm saß, selbstverständlich bekannt war. Daher wird es Zeit, es einmal mit einem anderen Ansatz zu versuchen. Man könnte sich auf den Standpunkt stellen, dass Peter einwandfrei *nicht* derselbe ist wie damals, weil *jede* seiner Eigenschaften sich zumindest ein wenig geändert hat; dass er aber andererseits doch derselbe ist wie damals, weil zwischen seinem damaligen und seinem veränderten heutigen Zustand *eine lückenlose Kette* von Zwischenzuständen existiert. Eine solche Kette gibt es auch bei mir selbst, aber nur zu *meinem* früheren Zustand als Peters Klassenkamerad, nicht hingegen zwischen seinen und meinen Zuständen. Dies sieht etwa folgendermaßen aus:

$\text{Peter}_1 \rightarrow \text{Peter}_2 \rightarrow \text{Peter}_3 \rightarrow \text{Peter}_4$

$\text{Wolfgang}_1 \rightarrow \text{Wolfgang}_2 \rightarrow \text{Wolfgang}_3 \rightarrow \text{Wolfgang}_4$

Dabei soll ›Peter_1‹ für den Peter in der Schule, ›Peter_4‹ für denjenigen Peter stehen, den ich jetzt wiedertreffe; ›Peter_2‹ und ›Peter_3‹ sollen seine Zustände in der Zwischenzeit bezeichnen, da wir uns aus den Augen verloren hatten. Ganz analog sieht es bei ›Wolfgang_{1-4}‹ aus. Man kann hieran sehen, dass Peter_4 zu Peter_1 in einem ganz anderen Verhältnis steht als Wolfgang_4 zu Peter_1: Die ›beiden‹ Peters (insofern: nicht identisch) sind durch eine Kette von Zwischengliedern miteinander verknüpft (und *insofern* identisch),

die zwischen irgendwelchen Wolfgangs und irgendwelchen Peters nicht besteht.
Welch ein Glück! Wir haben zwei verschiedene Hinsichten gefunden, auf die wir die beiden Aussagen von der Identität und der Nichtidentität Peters (und natürlich auch Wolfgangs) beziehen können, so dass wir dem Widerspruch entgehen.
Wenn wir also, so dürfen wir für einen ähnlich gelagerten Fall annehmen, ein Auto, das an uns vorbeifährt, als *dasselbe* identifizieren, das wir vor einem Jahr gekauft haben, uns aber vor einem halben Jahr gestohlen worden ist, dann dürfen wir das behaupten, ohne uns zu widersprechen, obwohl es inzwischen umlackiert worden ist oder eine Beule bekommen hat.
Oder doch nicht? Woran *erkennen* wir eigentlich, dass es sich um ›denselben‹ Peter, ›dasselbe‹ Auto handelt? Doch nicht an den Zwischenzuständen, von denen wir ja in dem betreffenden Augenblick gar nichts wissen! Nun, es können bestimmte Eigenschaften *ähnlich* geblieben sein, und vielleicht sind die Unterschiede, z. B. durch Alterung, so winzig, dass wir sie glatt übersehen. Auf der anderen Seite könnten wir uns aber auch mit der Annahme irren, es handele sich um einen alten Schulkameraden oder um unser gestohlenes Auto. Die *einwandfreie* Identifizierung ist erst durch eine *Verknüpfung* des heutigen Zustandes mit dem damaligen Zustand möglich – bei einem Auto etwa durch den Kfz-Brief.
Lassen wir die Suche nach echten und doch notwendigen Widersprüchen im Alltag damit enden. Falls es sie doch geben sollte, dann sind sie von großer Seltenheit. Vielleicht werden uns in Kapitel 13 ein paar begegnen.

10.
Umkehrschlüsse

Es ist wirklich erstaunlich, wie spannend es sein kann, sich Werbung anzuschauen! Man muss nur den kleinen Kunstgriff anwenden, sie nicht seufzend bloß über sich ergehen zu lassen, sondern darüber nachzudenken. Nicht nur dass die angepriesenen Glücksmittel uns eine Menge verraten über die Bedürfnisse, die Defizite und Ängste von Menschen – die Anpreisung kann auch unter logischem Gesichtspunkt Überraschungen bieten. Schauen wir daher einmal genauer auf zwei Plakate.

Da erblicken wir zunächst einen Säugling mit einem Schnurrbart. Ein Säugling mit einem Schnurrbart? Das weckt unsere Aufmerksamkeit. Sieht man genauer hin, dann stellt man fest, dass der ›Schnurrbart‹ aus einem fein geschriebenen Satz besteht:

Plakate machen neugierig!

Immerhin: Bei uns hat es funktioniert, denn wir waren ja neugierig.
Ein zweites Plakat zeigt ein Foto. Ich meine ein Foto auf einem Plakat. Von diesem Foto blickt ein Hund traurig, und darunter steht:

Gesucht!

Aha, der Hund ist also entlaufen und wird von seinem Besitzer vermisst. Zur Bestätigung dieser Vermutung sehen wir (fotografiert auf dem Plakat) die bekannten Abreißzettelchen mit einer Telefonnummer. Bisher ist freilich noch nicht klar, wofür hier geworben werden soll. Dem hilft ein groß gedruckter Text schräg unter dem Photo ab:

Wer etwas Wichtiges zu sagen hat,
macht nicht viel Worte.

BILD Dir Deine Meinung!

Jetzt ist uns natürlich klar, worum es geht. Viele Menschen werden an diesen beiden Plakaten nichts Auffallendes finden können, außer dass sie auffallen. Ha! Liegt darin der Widerspruch? Nein, erinnern Sie sich nur an das vorangegangene Kapitel. In *einer* Hinsicht fallen diese Plakate auf: Sie sind ungewöhnlich und witzig gestaltet. Zudem ist im ersten Falle das angepriesene Produkt selber Werbung – das ist nicht die Regel, kommt freilich gar nicht so selten vor, seit Fernsehwerbung die Plakatwände und Litfasssäulen als Werbungsträger gefährdet. In einer *anderen* Hinsicht aber scheinen sie nicht auffallend zu sein: Werbung eben für ein Produkt.

Um das eigentliche logische Problem zu erfassen, müssen wir uns die logische Struktur auf beiden Plakaten deutlich machen. Logische Struktur in der Werbung? O ja, wo immer Sie auf einen Gedanken stoßen (und sei es »Du solltest X kaufen!«), ist eine logische Struktur nicht weit. Wir sollen ja nicht einfach kaufen, sondern kaufen, *weil* …!

Untersuchen wir dieses ›weil‹ zunächst beim ersten Plakat, dem über Plakate, die neugierig machen. *Weil* Plakate neugierig machen, sollten Sie, falls Sie etwas verkaufen wollen, Ihre Ware über Plakate inserieren. Aber wie wird uns das klar gemacht? Durch dieses Plakat selbst, nämlich die als Schnurrbart getarnte Werbebotschaft. Der Vorgang vollzieht sich in zwei Schritten:

1. Unsere Neugierde wird geweckt.
2. Uns wird bewusst gemacht, dass es ein Plakat ist, welches unsere Neugierde geweckt hat.

Damit ist die Werbebotschaft freilich noch nicht am Ziel, denn wir sollen, falls wir etwas zu verkaufen haben, ja Pla-

katwerbung ordern. Zu diesem Zweck müssen wir zu zwei weiteren Gedankenschritten veranlasst werden:
3. Stell' dir vor, du würdest selber Plakate ordern.
4. Das würde Kunden neugierig machen.

Und da wir natürlich Kunden auf unser Produkt neugierig machen wollen, nähern wir uns jetzt mit Riesenschritten dem erstrebten Ziel. Nein, lieber doch nicht; wir halten statt dessen inne und stellen uns die Frage, wie sich der Schritt 1 → 2 zu dem Schritt 3 → 4 verhält.
Der Schritt 1 → 2 lautet: »Meine Neugierde wird geweckt. → Es handelt sich um ein Plakat.« Dieser Schritt findet so in einem Betrachter des Plakats statt. Was der Schritt 3 → 4 dann suggeriert, ist nun: »Es handelt sich um ein Plakat → Neugierde wird geweckt.« Und erst dieser Schritt 3 → 4 erzeugt ja die beabsichtigte Wirkung: Du solltest Plakate ordern, wenn du die Neugierde von Kunden wecken willst.
Hierin liegt ein Denkfehler. Falls nämlich *ein* Plakat, ein ganz bestimmtes und raffiniertes, *mich* neugierig macht, dann folgt daraus keineswegs, dass *jedes* Plakat *jeden* Menschen neugierig macht. Dazu müsste vielmehr folgender Schluss gelten:

(1) Jedes Plakat macht jeden Menschen neugierig.
(2) Ich bestelle als Anbieter von Waren ein Plakat.
(3) Damit mache ich jeden Menschen neugierig.

So verhält es sich aber nicht, und (1) ist offenkundig falsch. Was im Betrachter des Plakates erzeugt werden soll, ist in etwa folgender Denkvorgang:

(1') Ich sehe ein Plakat.
(2') Es macht mich neugierig.
(3') Jedes Plakat macht jeden Menschen neugierig.

(3′) entspricht (1), und damit könnte der Schluss (1) – (2) – (3) in Gang kommen; leider ist (3′) ebenso falsch wie (1), und (1′) – (2′) – (3′) ist überhaupt keine logische Schlussfolgerung, sondern eine plumpe Verallgemeinerung (vgl. Kapitel 6).

Aber hier wird noch ein weiterer Denkfehler suggeriert: Wer von seiner Neugierde zum »Aha! Ein Plakat!« gelangt und dann schließt: »Ein Plakat – das macht neugierig«, der begeht einen sogenannten Umkehrschluss, indem er vom einen auf das andere geführt wird und daraus dann vom anderen auf das eine schließt.

Dies können wir uns am zweiten Beispiel, dem des BILD-Plakates noch klarer machen. Damit wir uns entschließen, die genannte Zeitung zu kaufen, muss offensichtlich folgender Denkprozess ablaufen:

> *(1) Jemand hat etwas Wichtiges zu sagen.*
> *(2) Er macht nicht viel Worte.*
> Für (1) und (2) steht das Beispiel.
> *(3)* Jeder, *der etwas Wichtiges zu sagen hat, macht nicht viel Worte.*
> Das ist eine Verallgemeinerung!
> *(4) BILD macht nicht viel Worte.*
> *(5) BILD hat etwas Wichtiges zu sagen.*
> Das ist ein Umkehrschluss!

Wir haben es hier also erneut mit einem Umkehrschluss zu tun, der eine Verallgemeinerung zu Hilfe nimmt. Im ersten Schritt muss der Umstand, dass jemand mit wenig Worten (einem einzigen in diesem Falle) etwas sehr Wichtiges ausdrückt (»Helft mit, meinen Hund wieder zu finden!«), so aufgefasst werden, dass *jeder*, der etwas Wichtiges zu sagen hat, so verfährt. Das ist wiederum eine wenig glaubwürdige Verallgemeinerung, aber ohne sie funktioniert der Trick nicht. Im zweiten Schritt muss dann aus der Regel (der Verallgemeinerung) gefolgert werden, dass jemand, der nicht viel Worte macht (und die BILD-Zeitung ist in dieser Hinsicht ja wirklich recht schlicht), etwas Wichtiges zu sagen hat. Haben wir das kapiert, dann wissen wir, warum wir die BILD-Zeitung kaufen sollten. Und das ist es schließlich, was das Plakat uns plausibel machen will. Es ist freilich nicht plausibel. Denn selbst wenn jeder, der etwas Wichtiges zu sagen hat, nur wenig Worte machen sollte (wie gesagt: eine Verallgemeinerung), würde daraus nur folgen:

(1) Jeder, der etwas Wichtiges zu sagen hat, macht wenig Worte.
(2) Jemand hat etwas Wichtiges zu sagen.
Das soll für die BILD-Zeitung gelten, aber es soll sich als Schlussfolgerung ergeben; hier hingegen tritt es als Voraussetzung auf!
(3) Also macht er wenig Worte.

So ist es nicht im Sinne der BILD-Zeitung, denn hier muss vorausgesetzt werden, was doch ›bewiesen‹ werden sollte. Im Sinne der Zeitung wäre der Schluss:

(1') Jeder, der etwas Wichtiges zu sagen hat, macht wenig Worte.
(2') Die BILD-Zeitung macht wenig Worte.
(3') Also hat die BILD-Zeitung etwas Wichtiges zu sagen.
Und deshalb sollten wir sie kaufen.

(1') – (2') – (3') kehrt aber den Schluss (1) – (2) – (3) um: Aus der Sparsamkeit mit Worten wird die Wichtigkeit der Worte abgeleitet statt aus der Wichtigkeit die Sparsamkeit der Worte. Logisch richtig wäre dies nur dann, wenn gälte:

(1'') Jeder, der wenig Worte macht, hat etwas Wichtiges zu sagen.
(2'') Die BILD-Zeitung macht wenig Worte.
(3'') Die BILD-Zeitung hat etwas Wichtiges zu sagen.

(1'') *ist nicht nur eine problematische* Verallgemeinerung des Einzelfalles mit dem Hund, es ist *überhaupt* keine Verallgemeinerung des beobachteten Einzelfalles mehr – es ist (denken Sie an Menschen, die einfach unfähig sind, lang und schwierig zu sprechen!) einfach falsch. Aus »Ah, der Mensch sucht seinen Hund – das ist ihm sicher sehr wichtig!« → »Ja wirklich, er macht wenig Worte« wird »Jemand macht wenig Worte« → »Das, was er sagt, ist ihm sehr wichtig«; und dieser im Verhältnis zum Beobachtungsverlauf umgekehrte Zusammenhang wird dann auch noch zu (1'') verallgemeinert.

Ganz ähnlich geht ein Mensch vor, der immer wieder, sagen wir am Bahnhof, beobachtet, wie Afrikaner Drogen verkaufen. Er verallgemeinert diese Beobachtung zu der Ansicht: »Anscheinend sind alle Drogendealer Afrikaner.« Diese Verallgemeinerung ist nicht berechtigt (Kapitel 6!). Aber unser Mensch begeht nun einen weiteren Fehler, indem er bei seiner nächsten Begegnung mit einem Afrikaner denkt: »Aha, sicherlich ein Drogendealer!« Damit hat er einen Umkehrschluss begangen: Aus »Jeder Drogendealer ist ein Afrikaner« ist nämlich »Jeder Afrikaner ist ein Drogendealer« geworden.

Wir können uns das an folgender Zeichnung verdeutlichen:

Wir haben hierdurch die – sicherlich richtige – Ansicht ausgedrückt, dass *einige* Afrikaner Drogendealer bzw. *einige* Drogendealer Afrikaner sind. Da aber auch *einige* Afrikaner *keine* Drogendealer und *einige* Drogendealer *keine* Afrikaner sind, folgt daraus nichts weiter. Machen wir uns jetzt aber aus der zutreffenden Beobachtung am Bahnhof die Vorstellung,

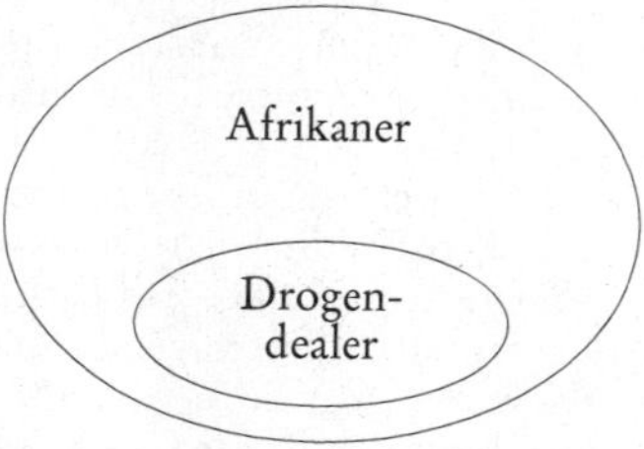

dann haben wir die Beobachtung so verallgemeinert, dass *alle* Drogendealer Afrikaner sind. *Falls* das berechtigt wäre (das ist es natürlich nicht!), dann könnte man aus der Tatsache, dass jemand mit Drogen dealt, schließen, dass es sich um einen Afrikaner handelt. Um zu dem oben genannten Vorurteil zu gelangen, muss man jetzt noch aus der Tatsache, dass jemand Afrikaner ist, schließen können, dass er mit Drogen dealt, d. h. man muss das an sich schon falsche Verhältnis Dealer → Afrikaner umkehren zu Afrikaner → Dealer. Das ginge dann etwa so:

Verhielte es sich so, dann könnte man in der Tat jeden Afrikaner als Drogenhändler bezeichnen. Dazu muss man freilich nicht nur die Beobachtung Dealer → Afrikaner verallgemeinern, sondern dann auch noch einen Umkehrschluss Afrikaner → Dealer vollziehen.
Ein Witz aus der Zeit der Weimarer Republik kann als weiteres Beispiel dienen. Dass es sich hierbei um einen Juden handelt, ist eher unwesentlich und aus den Umständen der Weimarer Republik erklärlich; gewiss neigen Juden nicht mehr als andere Menschen zu Umkehrschlüssen.

> *Ein Jude bewirbt sich als Rundfunksprecher.*
> *Anschließend fragt ihn ein Freund: »Na, haben sie dich genommen?«*
> *»N-n-nein«, antwortet der Jude, »a-a-lles A-a-a-ntis-s-semiten!«*

Aus der Existenz von Antisemitismus, die dazu führen konnte, dass ein Jude als Radiosprecher abgelehnt wurde (Jude → Ablehnung), folgert der jüdische Stotterer im Umkehrschluss, dass er abgelehnt wurde, weil er Jude war (Ablehnung → Jude).
Dass, wie die Beispiele zeigen, Umkehrschlüsse nicht nur logisch falsch sind, sondern auch öfters bei Urteilen im Umgang mit Minderheiten eine Rolle spielen, ist vermutlich kein Zufall. Es ist anscheinend genau dies das Vorgehen von Menschen, die Minderheiten ablehnen: Sie haben eine oder einige Beobachtungen gemacht, die sie nun verallgemeinern (»alle, die den Defekt X haben, gehören zu dieser Minderheit«) und dann in einen Umkehrschluss umsetzen (»alle, die zu dieser Minderheit gehören, haben diesen Defekt«) – und damit ist das Vorurteil gegenüber der Minderheit komplett. Wann immer man einem ihrer Vertreter begegnet, ›weiß man Bescheid‹.
Ob Logik dagegen helfen wird? Zu hoffen wäre es.

11.
Von der Wirkung zur Ursache

Einen speziellen, aber besonders wichtigen Fall von Umkehrschlüssen bildet der folgende:
Nehmen wir an, dass ein bestimmter Faktor regelmäßig ein bestimmtes Ereignis auslöst. Jemand trinkt etwa öfters eine Flasche Hochprozentiges und bekommt dann am folgenden Tag Kopfschmerzen. Sofern das immer wieder geschieht, nimmt man an, dass das Schnapstrinken die *Ursache* ist und die Kopfschmerzen die *Wirkung* dieser Ursache sind. Die Begriffe ›Ursache‹ und ›Wirkung‹ sind nicht ganz unproblematisch, aber gehen wir einmal davon aus, dass wir sie verwenden wollen, wenn wir es mit einer Immer-wenn-X-dann-Y-Beziehung zu tun haben. Kennen wir eine solche Regelmäßigkeit, dann dürfen wir, sobald wir die Schnapsflasche ansetzen und leer trinken, am folgenden Tag zuversichtlich die Kopfschmerzen erwarten:

(1) Immer wenn jemand eine Flasche Schnaps trinkt, bekommt er anschließend Kopfschmerzen.
(2) Ich trinke eine Flasche Schnaps.
(3) Kopfschmerzen sind als Folge zu erwarten.

Soweit ist das (logisch) in Ordnung. Und wir verwenden diese Beziehung im Alltag häufig zur Vorhersage von Ereignissen. Eine solche Vorhersage ist natürlich nur dann zwingend, wenn wir wirklich sicher sein können, dass *immer* auf das Schnapstrinken die Kopfschmerzen folgen. Vermutlich tun wir gut daran, das in Kapitel 6 über Verallgemeinerungen Gesagte zu beachten und häufiger von Wahrscheinlichkeiten auszugehen.
Hier soll aber auf ein anderes Problem eingegangen werden: Wie verhält es sich, wenn wir umgekehrt vorgehen?

Wenn also jemand uns berichtet, er habe starke Kopfschmerzen. Dürfen wir dann auch folgendermaßen überlegen?:

(1) Immer wenn jemand eine Flasche Schnaps trinkt, bekommt er anschließend Kopfschmerzen.
(2) Jemand hat Kopfschmerzen.
(3) Also hat er wohl zuvor eine Flasche Schnaps getrunken.

Während wir im ersten Fall unter Voraussetzung der Regel über den Zusammenhang zwischen Ursache und Wirkung (1) von der Ursache (dem Schnapstrinken) auf die Wirkung (die Kopfschmerzen) geschlossen haben, schließen wir diesmal von der Wirkung (dem Vorhandensein von Kopfschmerzen) auf deren Ursache (das Schnapstrinken). Auch hier kehren wir die Reihenfolge des ›ordentlichen Schlusses‹, nämlich Ursache → Wirkung, um, indem wir Wirkung → Ursache denken. Es handelt sich mithin um einen Umkehrschluss, und zwar um einen, der sehr beliebt ist und es uns zu ermöglichen scheint, bestimmte Ereignisse durch Zurückführung auf ihre Ursache zu *erklären*. Erklärungen für Ereignisse benötigen wir im Alltag ebenso häufig wie Prognosen künftiger Ereignisse. Aus diesem Bedarf dürfen wir natürlich nicht ohne weiteres schließen, dass ein solches Vorgehen auch legitim ist.
Und es ist in der Tat *nicht* legitim! Wieso nicht? Weil die Regelmäßigkeit »Immer wenn jemand eine Flasche Schnaps trinkt, bekommt er anschließend Kopfschmerzen« nicht ausschließt, dass jemand auch aus einer *anderen Ursache* Kopfschmerzen bekommen kann. Es könnte z. B. gelten:

(1) Immer wenn jemand einen Schlag auf den Kopf erhält, bekommt er anschließend Kopfschmerzen.

In diesem Falle wäre es erkennbar völlig falsch fortzufahren:

(2) Du hast Kopfschmerzen.
(3) Also hast du zuvor eine Flasche Schnaps getrunken.

Die Beziehung Ursache$_1$ → Wirkung$_a$ schließt eben nicht aus, dass *auch* gilt: Ursache$_2$ → Wirkung$_a$. Und eben deshalb sind wir nicht im Stande, von dem Vorliegen der Wirkung$_a$ (den Kopfschmerzen) auf die Ursache$_1$ (oder die Ursache$_2$) zu schließen. Mit anderen Worten: *Auch wenn* wir wissen, dass eine bestimmte Ursache *immer* eine bestimmte Wirkung herbeiführt, wissen wir keineswegs, dass eine bestimmte Wirkung immer von *derselben* Ursache ausgelöst wird.
Dies ist von großer Wichtigkeit für unser alltägliches Denken. Wir können nicht wissen, welche Ursachen für bestimmte Ereignisse verantwortlich sind – selbst dann nicht, wenn wir sicher sein können, dass bestimmte Ursachen immer bestimmte Wirkungen zur Folge haben. (Auch) dieser Umkehrschluss ist nicht zuverlässig.
Um zu zeigen, wie im Alltag gegen diese Tatsache verstoßen wird, nehmen wir uns das folgende Beispiel vor:

Mit ihrer Kritik an der Regierung will die Opposition von ihrer eigenen Konzeptlosigkeit ablenken.

So äußert sich ein Politiker der Regierungspartei. Dabei suggeriert er seinen Zuhörern diesen Zusammenhang:

(1) Wer selber kein politisches Konzept besitzt, hat die Neigung, davon durch Kritik an der Gegenseite abzulenken.
(2) Die Opposition kritisiert die Gegenseite (die Regierung).
(3) Damit lenkt sie von ihrer eigenen Konzeptlosigkeit ab.

Selbst wenn wir zugeben, dass (1) eine psychologische Gesetzmäßigkeit darstellt (und davon absehen, dass es sich hier zumindest um eine Verallgemeinerung handeln dürfte), darf eine darauf aufgebaute Schlussfolgerung nur so vorgehen:

(2) Die Opposition ist konzeptlos.
(3) Also hat sie die Neigung ...

Damit wird klar, dass (2) eine *Voraussetzung* der Schlussfolgerung darstellt, die eigens zu begründen wäre. Unser raffinierter Politiker ›erspart‹ sich diese Begründung, indem er die Voraussetzung zur Schlussfolgerung (3) macht und so tut, als ob sie damit bewiesen wäre. Dass die Opposition die Regierung kritisiert, glaubt er problemlos als Voraussetzung seines Schlusses einsetzen zu können, weil diese Kritik ja öffentlich erhoben wird. Und so hat er einen schweren Mangel der Opposition – ihre Konzeptlosigkeit – ›bewiesen‹.

Nicht so in Wahrheit! Denn selbst wenn (1) zutreffend sein sollte (und das wollten wir ja zugestehen), folgt aus dem Äußern von Kritik (der *Wirkung* im korrekten Schluss) ganz und gar nicht, dass Ablenkung von eigener Schwäche die Ursache sein muss. Vielmehr kann es ja sein (und ist es wohl auch), dass man Kritik ebenso aus ganz anderen Gründen äußern kann. Diese Umkehrung von Ursache → Wirkung zu Wirkung → Ursache stellt nichts weiter als einen Trick dar, der einen Zusammenhang ›beweisen‹ soll, welcher gar nicht bewiesen ist, und der damit der Opposition ein unlauteres Motiv unterstellt, um so die Kritik zu entkräften; sie erfolgt ja schließlich – logisch ›bewiesen‹ – aus einem ganz peinlichen Grund.

Man sieht hier zugleich, in welchem Bereich diese spezielle Form des Umkehrschlusses häufig und mit großer Begeisterung angewendet wird: im Bereich der Unterstellung von Motiven. Im Grunde handelt es sich hier um einen der zahlreichen Tricks, wie sie zur Immunisierung gegen Kritik (Kapitel 7) genutzt werden. Wann immer jemand etwas tut, das mir unangenehm ist, kann ich dies neutralisieren, indem ich ihm ein Motiv unterstelle, aus dem heraus tatsächlich viele Menschen dazu neigen, solche Dinge zu tun. Gerade wegen dieser Regelmäßigkeit wirkt das Vorgehen ja so ›plausibel‹. Man muss dabei nur vergessen machen, dass, wenn jemand, der so und so gestimmt ist, dazu neigt, das und das zu tun, dies nicht bedeutet, dass jemand, der das und das tut, es deswegen tut, weil er so und so gestimmt ist.

Um sich klar zu machen, wie weitreichend die Folgen dieser Einsicht sind, braucht man sich nur zu überlegen, wie eigentlich Psychologen vorgehen, wenn sie seelische Zustände ihrer Patienten erklären. Oder was Historiker tun, wenn sie uns das Eintreten von Ereignissen erklären. Man kann sagen, dass *immer*, wenn jemand etwas erklärt und damit ein Phänomen als Wirkung auf eine bestimmte Ursache zurückführt, die Gefahr dieses Umkehrschlusses droht, mit dem wir uns hier befassen.

Wie aber kann man dieser Gefahr begegnen? *Dass* menschliches Verhalten, historische Ereignisse usw. in der Tat Ursachen haben, ist als Annahme im Alltag wohl unverzichtbar (obwohl nicht ganz klar ist, was eigentlich eine Ursache ausmacht). Handelt ein Mensch und antwortet er auf die Frage, *warum* er so gehandelt habe: »Einfach so – ohne Grund!«, dann wird man ihn für nicht ganz gescheit halten. Jedenfalls kann man dann nicht mehr mit ihm über sein Verhalten, dessen Sinn und Berechtigung, diskutieren. Und fragt man, *warum* es zum I. Weltkrieg gekommen ist, dann wirkt die Antwort: »Der hatte keinen Grund. Plötzlich haben die Leute zu schießen begonnen!« albern. Ohne ein Verständnis für die Ursachen von Ereignissen können wir nicht sinnvoll miteinander umgehen. Nicht einmal unser eigenes Verhalten können wir verstehen, wenn wir nicht Motive annehmen, die ein solches Verhalten bewirken.

Auf der anderen Seite bleibt es aber unabänderlich richtig, dass wir, selbst wenn wir Gesetzmäßigkeiten für Verhalten kennen, nicht berechtigt sind, von dem Verhalten auf diejenige Ursache zu schließen, die das Gesetz beinhaltet. Denn es sei wiederholt:

(1) Immer wenn a (als Ursache gegeben ist), dann (folgt) b (als Wirkung).
(2) Nun ist b (als Wirkung) gegeben.
(3) Also ist a (als Ursache) gegeben.

Dieser Schluss gilt *nicht*, weil b auch aus einer anderen Ursache als a folgen könnte:

(1') Immer wenn c (als Ursache gegeben ist), dann (folgt) b (als Wirkung).
(2) Nun ist b (als Wirkung) gegeben.

Bei gleichzeitiger Geltung von (1) und (1') lässt sich über die Ursache von b nichts ausmachen. So kann Zorn, aber auch Müdigkeit aggressiv machen; kann ein schlechtes Gewissen, aber auch berechtigte Empörung zu Vorwürfen führen; kann soziales Elend, aber auch Langeweile im Luxus zu politisch extremen Standpunkten führen.
Was also tun? Zunächst ist klar, dass man, weil bei jedem Ereignis und jedem Verhalten verschiedene Ursachen *möglich* (denkbar) sind, man auch verschiedene Ursachen *in Betracht ziehen sollte*. Es ist also ratsam, sich nicht vorschnell festzulegen, sondern zunächst zu fragen, welche Ursachen zu diesem Ereignis geführt haben könnten. Wir wissen dann:

(1) a führt zu b.
(1') c führt zu b.
(1') d führt zu b.
usw.

Im zweiten Schritt kann man dann überlegen, welche der verschiedenen möglichen Ursachen in diesem Falle denn

gegeben waren. So ist man vielleicht im Stande, soziales Elend als Ursache für ein bestimmtes politisches Verhalten auszuschließen, weil die Handelnden sich gar nicht in sozialem Elend befanden. In einem anderen Fall kann man vielleicht ein schlechtes Gewissen als Ursache für die Vorwürfe, die mir jemand macht, ausschließen, weil er keinen ersichtlichen Grund für ein schlechtes Gewissen hat. Allerdings hat er vielleicht einen mir unbekannten Grund – also Vorsicht! Hier hilft ein Nachfragen im Gespräch. Oder ich kann die Müdigkeit als Ursache für Aggressivität ausschließen, weil der aggressive Mensch unmittelbar vor dem Streit gut geschlafen hat – falls ich darüber Informationen habe. Auch hier ist ein Gespräch nützlich. Normalerweise kann man auf diese Art die Zahl der in Frage kommenden Ursachen erheblich einengen. Im – allerdings selten zu erreichenden – Idealfall bleibt sogar nur noch eine ernsthaft in Frage kommende Ursache übrig. Überstehen aber mehrere Kandidaten das Filterverfahren, dann hilft alles nichts: Man muss auch mehrere Möglichkeiten in Betracht ziehen und die eigene Entscheidung – etwa seine Reaktion auf das Verhalten des Partners – offen gestalten.
Man merkt vielleicht schon hier eine Wiederholung. Da mit logischen Mitteln oft und in mehreren Hinsichten keine Eindeutigkeit zu erreichen ist, rät das logische Denken in vielen Fällen zur Vorsicht, statt uns bequemerweise unsere Ansichten zu bestätigen.

»›So ist die Sach'!‹ – Oh, wie so leise,
Wenn überhaupt, sagt das der Weise.«

So heißt es bei Wilhelm Busch[10].

12.
Definition und Bedeutungswechsel

Wer spricht, sollte – außer vielleicht bei Selbstgesprächen – darauf achten, dass dem Gesprächspartner die Bedeutung der verwendeten Worte klar ist. Sonst kann der nicht verstehen, was ich meine.

(1) »Karneval finde ich mucker« (sage ich).
(2) »Bald ist ja wieder Karneval« (sagt mein Freund).
(3) »Da steht mir eine mucker Zeit bevor« (sage wiederum ich).

Hier nützt alle Logik dem Schluss und dem Freund nichts: Wenn man nicht weiß, was ich mit ›mucker‹ meine, dann weiß man nicht, was ich hier ausdrücken will. Klar: *Wenn* ich Karneval ›mucker‹ finde und *wenn* bald Karneval ist, *dann* steht mir eine ›mucker‹ Zeit bevor. Aber was heißt ›mucker‹? (Das haben sich meine Eltern auch gefragt. Das Wort ›mucker‹ gab es in meiner Jugend wirklich – aber nur unter Jugendlichen, und die drückten damit eine Steigerung von ›toll‹ aus.)
Dass wir ein zentrales Wort in einer Argumentation überhaupt nicht kennen, macht zwar auch die beste Argumentation in ihrer Wirkung auf den Gesprächspartner zunichte, kommt aber zum Glück nicht allzu häufig vor; und wenn, dann fällt es auf, sodass man dem Übel durch Nachfragen begegnen kann. Wer nicht fragt, bleibt dumm. Häufiger und auch sonst gefährlicher sind Worte, deren Bedeutung wir *nicht so genau* kennen. Mit Begriffen wie ›Freiheit‹, ›Demokratie‹, ›Fortschritt‹, ›Gerechtigkeit‹ (aus dem politischen Bereich); ›Wissenschaft‹, ›Quantensprung‹, ›Experte‹, ›Wahrheit‹, ›Logik‹, ›Beweis‹ (aus dem wissenschaftlichen Bereich); ›Gott‹, ›Sohn Gottes‹, ›Heilige Dreifaltigkeit‹, ›Schöpfer des Universums‹, ›Sinn des Lebens‹,

›Erlösung‹, ›Himmel‹, ›Sünde‹ (aus dem religiösen Bereich); ›Gesundheit‹, ›Krankheit‹, ›Alkoholmissbrauch‹, ›Idealgewicht‹, ›Psychosomatik‹, ›Depression‹ (aus dem medizinischen Bereich); ›Lernerfolg‹, ›Leistungskontrolle‹, ›Begabung‹, ›Intelligenz‹, ›Faulheit‹, ›Schuld‹ (aus dem pädagogischen Bereich) – mit all diesen und vielen anderen Begriffen verbindet man so ohne weiteres wohl kaum eine präzise Definition, über die man Rechenschaft geben könnte. Dies gilt selbst dann, wenn sie sich für das im Fernsehquiz beliebte Verfahren eignen, aus vier Vorschlägen den richtigen auszuwählen.

Die christliche Religion glaubt an Gott als den

A: eineinigen	B: zweieinigen
C: dreieinigen	D: viereinigen

Das bekäme man noch hin. Aber was *bedeutet* ›Dreieinigkeit‹? Und so bei vielen anderen Begriffen. Beliebte Begriffe mit unklarer Bedeutung und ohne Beschränkung auf einen bestimmten Lebensbereich sind ›(Beschränkung auf) das Wesentliche‹, ›Verschlankung‹, ›Straffung‹, ›Hilfe‹, ›Kompromiss‹ und andere, die so positiv klingen, dass man nur zu leicht auf das Nachdenken darüber verzichtet, was sie eigentlich bedeuten.
Wem es möglich ist, bei seiner Argumentation klare Definitionen für alle Worte zu geben, deren Sinn dem Gesprächspartner unklar sein könnte, der sollte das selbstverständlich tun. Missverständnisse bedrohen jede Beweisführung, wenn man nicht weiß, *was* eigentlich bewiesen worden ist. Aber:

- Wie erstellt man eine Definition?
- Und wie findet man sie in solch schwierigen Fällen wie den genannten, bei denen es wohl kaum genügt, in einem Wörterbuch nachzuschauen?

• Und welche Gefahren drohen in einem Gespräch mit unklaren Wortbedeutungen außer dem Missverständnis?

Zum Glück reicht es im Gespräch oft, wenn wenigstens die Gesprächspartner sich über die Bedeutung einig sind. Dabei mag es sich um eine Fachsprache handeln bzw. eine Spezialsprache, die für eine Altersgruppe, eine bestimmte Schicht o. ä. typisch ist. Falls Außenstehende damit gar nicht angesprochen werden, kann man es dabei bewenden lassen. In anderen Fällen muss man sich mit Hilfe einer Definition verständlich machen. Für eine solche Definition gibt es zwei Möglichkeiten:

1. Man erläutert den unverständlichen Begriff mittels anderer Wörter, die dem Gesprächspartner geläufig sind.
2. Man erläutert den betreffenden Begriff, indem man auf etwas zeigt oder etwas Bekanntes erwähnt, das dadurch bezeichnet wird.

Ein Beispiel für das erste Verfahren wäre die Definition von ›Schnabeltier‹ durch ›primitives Säugetier, das in Australien lebt, einen Schnabel hat und Eier legt‹. Was man in diesem Falle tut, ist, die Angabe eines Bereiches, zu dem das zu Definierende gehört (›Säugetier‹), mit der Angabe einer besonderen Eigenschaft zu verbinden, durch die es sich innerhalb dieses Bereiches auszeichnet (›lebt in Australien, hat einen Schnabel und legt Eier‹).

Dies ist der klassische Weg. So wird man etwa ›Schüler‹ definieren durch ›Mensch in einer Schule‹ (= Bereich) und ›Lernender‹ (= Abgrenzung von Lehrern und Hausmeistern).

Als Variante dieses klassischen Verfahrens gibt es noch die vollständige Aufzählung aller Elemente, die zu dem zu definierenden ›Ding‹ gehören: ›Die Schüler der Klasse 10c sind Bernd Arnheim, Klaus Harprecht, Sylvia Mauermann, Horst Lebrecht, … und Wanda Zylawski‹. Oder: ›Die Gegenstände in dem Raum, den ich meine, sind ein Klavier, ein Schemel, ein Notenblatt und eine Lampe.‹ Dieses Verfahren ist natürlich nur dann praktikabel, wenn es sich nicht um allzu viele Elemente handelt.

Für das zweite Verfahren könnte stehen, dass man das Photo eines Schnabeltieres zeigt oder, falls ein geeigneter Zoo in der Nähe ist, das Tier selbst. Ähnlich geht es mit ›Stuhl‹ als ›Sitzgelegenheit mit Füßen‹ oder durch Zeigen auf einen Stuhl.

Beide Methoden haben ihre Grenzen, die freilich zunächst prinzipieller Natur und im Alltag nicht immer bedeutsam sind:

1. Die Erläuterung eines Wortes durch andere Worte setzt voraus, dass wenigstens diese dem Gesprächspartner klar sind. Man muss also schon entwickelte Sprachkenntnisse voraussetzen. Bei erwachsenen Einheimischen sollte das keine Schwierigkeiten bereiten; bei Kindern oder Ausländern, die unsere Sprache erst zu lernen beginnen, ist klar, dass man mit diesem Verfahren nicht auskommt, sondern auf das andere zurückgreifen muss.

2. Die Erläuterung eines Wortes durch Beispiele beinhaltet eine Art Verallgemeinerungsproblem (analog zu dem in Kap. 6 genannten): Der Gesprächspartner muss im Stande sein, sein gewonnenes Wissen von dem gezeigten Einzelding auf andere, *ähnliche* Fälle zu übertragen. Das klingt einfacher, als es oft ist. Denn die weiteren Objekte unterscheiden sich ja immer, mehr oder weniger, von der ersten Vorlage. Manche dieser Unterschiede sind, z. B. für Schnabeltiere oder auch Stühle, nicht wesentlich, andere schon. Woher aber soll der ungeübte, lernende Sprecher wissen, *welche* Unterschiede wesentlich und welche unwesentlich sind? Da hilft nur Üben nach dem Prinzip von Versuch – Irrtum – Korrektur.

Wenn Sie sich nun die Liste der eben genannten schwierigen Begriffe anschauen, dann ahnen Sie schon zumindest einen Grund, aus dem diese Begriffe so schwierig zu definieren sind: Da gibt es nichts, worauf man zeigen könnte. Ein unlösbares Problem für Verfahren 2. Und ›Gott‹ als den ›allmächtigen Schöpfer des Universums‹, also nun mit anderen Begriffen, zu definieren, steht vor der Schwierigkeit, dass die entscheidenden Begriffe ›Allmacht‹ und

›Schöpfer des Universums‹ selbst alles andere als klar sind. Ein schwer lösbares Problem für Verfahren 1. Und wenn man ›Quanten‹ als ›Elementarteilchen‹ erläutert, dann denkt man sich bei ›Teilchen‹ winzige Körper – und das ist, so Quantenphysiker, gerade falsch (wenngleich immer noch sehr verbreitet).
Man hilft sich dann oft mit Vergleichen aus einem besser bekannten Bereich, in dem die Begriffe einen klareren Sinn haben, und fügt hinzu: »so ähnlich, wenn auch nicht genau so«. ›Gott‹ etwa wird dann mit irdischen Schöpfern, Vätern (oder Müttern), Richtern usw. verglichen – und dabei umgeht man das leidige Problem, dass es sich hier nur um Ähnlichkeiten handelt und worin genau der Unterschied zwischen irdischer und überirdischer Wortbedeutung bestehen soll. Gar nicht so sehr anders halten es Quantenphysiker, die für Laien schreiben.
Man kann insgesamt bei Definitionen von Wörtern für nichtanschauliche Dinge nur zur Vorsicht raten – zur Vorsicht bei der Erstellung solcher Definitionen, aber auch bei ihrem Konsum. Ein einfaches Rezept existiert hier nicht. Und in vielen Fällen, besonders in weltanschaulichen und religiösen Fragen, ist der Verdacht nützlich, dass auch unser Informant über keine genaue Vorstellung verfügt, was seine Probleme mit der Definition verständlich macht. Soll man annehmen, dass

- ein Jurist den Begriff ›Gerechtigkeit‹,
- ein Arzt den Begriff ›Gesundheit‹,
- ein Theologe den Begriff ›Gott‹,
- ein Politiker den Begriff ›Freiheit‹,
- ein Logiker den Begriff ›Logik‹,
- ein Philosoph den Begriff ›Philosophie‹,
- ein Sprachwissenschaftler den Begriff ›Sprache‹,
- ein Physiker den Begriff ›Naturgesetz‹ und
- ein Psychologe den Begriff ›Intelligenz‹

so definieren können, dass einerseits die meisten Fachgenossen damit übereinstimmen und andererseits die meisten Laien ihn verstehen? Ich habe da starke Zweifel – ob-

wohl man doch sieht, um welch grundlegende Begriffe es sich da in den einzelnen Wissensbereichen handelt.
Zum Glück steht es, wie gesagt, bei Dingen des alltäglichen Gebrauchs, auf die man zeigen kann, erheblich besser. Leider sind dies dann aber auch oft Dinge, über die eine Diskussion weniger reizvoll ist. Die Brötchen des Bäckers, die Schlüssel des Schlossers, die Computer des Medienhändlers, die Spieler des Fußballvereins sind gut identifizierbar, als Gesprächsthema aber bei weitem nicht so ergiebig wie die Qualität der Brötchen, der Sicherheitsstandard der Schlüssel, die Funktionstüchtigkeit der Computer und die Meisterschaftstauglichkeit der Fußballspieler – vermutlich gerade deshalb, weil man hier nicht mehr einfach auf ein Ding zeigen kann. Sollte gar die Regel gelten, dass Gespräche umso lebhafter und anregender verlaufen, je weniger einfach die zur Entscheidung anstehende Frage ist, dann braucht man vielleicht gar nicht so traurig zu sein über die Schwierigkeiten, die viele Definitionen mit sich bringen. Da, wo wir im Alltag handeln müssen, kommen wir mit der Anschauung aus; da, wo wir über Bewertungen, Theorien, Sinn- und Grundlagenfragen nachdenken, gibt es viele Möglichkeiten, Unsicherheiten, Unklarheiten, Meinungsverschiedenheiten – mit einem Wort: Gesprächsstoff.
Aufpassen muss man auch hier vor allem dann, wenn ein Gesprächspartner uns mit einem Trick reinlegen will. Und das kommt auch im Hinblick auf Definitionen vor. Allerdings seltener dann, wenn jemand eine Definition anbietet; häufiger dann, wenn er sie unterlässt und dann aus der daraus resultierenden Unklarheit seinen Vorteil zieht.

(1) Glück braucht man im Leben.
(2) Lottospielen ist Glückssache.
(3) Man sollte Lotto spielen im Leben.

Diesen Werbeslogan habe ich erfunden; aber man kann sich gut vorstellen, ihm tatsächlich zu begegnen. Der entscheidende und schwer zu definierende Begriff ist hier natürlich ›Glück‹. In (1) dürfte er etwa bedeuten: ›ungeplanter, günstiger Zufall‹. Der ganze Satz besagt dann: Wir können im Leben nicht alles planen, vieles kommt überraschend, und wenn von diesen Überraschungen nicht etliche zu den günstigen, also zum Glück, gehören, dann kommt man nicht weit. Richtig. In (2) *scheint* der Begriff ›Glückssache‹ dasselbe zu bedeuten, denn die Ergebnisse bei der Ziehung der Lottozahlen sind ja nicht planbar, und wenn nicht wenigstens einige Ziehungsergebnisse für uns günstig sind, dann kommen wir im Lottospiel nicht weit. Ganz so verhält es sich aber nicht. Denn die Ergebnisse der Ziehungen bei Lottozahlen sind sehr wohl planbar – jedenfalls in einem statistischen Sinne. Die Wahrscheinlichkeit, eine richtige 6er-Kombination aus 49 Zahlen zu raten, ist mathematisch sehr genau berechenbar ... und äußerst gering. Gewiss, wie diese Kombination an einem beliebigen Samstag lauten und wer sie tippen wird, ist vorher nicht mit Sicherheit zu sagen, und insofern haben wir es hier mit einem nicht planbaren Ereignis zu tun. Aber dass an diesem Ereignis doch durchaus etwas vorhersehbar ist, nämlich die Wahrscheinlichkeit des Erfolgs, wird bei dieser Verwendung des Begriffs ›Glück‹ – anders als bei der in (1) – unterschlagen; und genau diese Vorhersehbarkeit macht den entscheidenden Unterschied aus: Die Lottogesellschaft kann auf dieser Grundlage die Spielregeln konstruieren, und zwar so, dass von den Spielern mehr Geld eingesetzt wird, als die Gesellschaft auszahlen muss. Deshalb betreibt sie schließlich das Spiel – um Gewinn zu machen. Und deshalb lohnt sich für Lottospieler in aller Regel das Spielen nicht. Statistisch gesehen werden für jeden eingesetzten Euro nur, sagen wir, 50 Cent als Gewinn ausgeschüttet. Das ist eindeutig planbar, und Sie können überzeugt sein, dass die Lottogesellschaft sich hier keineswegs darauf verlässt, dass Lottospielen Glückssache ist. Lottogesellschaften spielen nicht Lotto in dem Sinne, wie es die Kunden tun, sondern sie rechnen. Natürlich gilt auch für

Veranstalter von Lotteriespielen der Satz (1), d. h., auch für sie gibt es unkalkulierbare Ereignisse: etwa die Zahl der Mitspieler, die je nach Wirtschaftslage variieren kann; die Entwicklung des Geldwerts; die Ehrlichkeit oder Unehrlichkeit der Annahmestellen usw. Aber in all diesen Hinsichten werden sie sich bemühen, den unkalkulierbaren Faktor möglichst gering zu halten. Sie werden also genau das nicht tun, wozu sie ihre Spieler ermuntern. Und der Satz (3) hat für Veranstalter und Teilnehmer einen völlig unterschiedlichen Sinn.

Der Trick mit der Bedeutung von ›Glück‹, der hier angewandt wird, sollte durch ein zweites Beispiel noch deutlicher werden:

> *(1) Tanzen ist geil.*
> *(2) Alte Männer im ›zweiten Frühling‹ sind geil.*
> *(3) Dann haben Tanzen und alte Männer etwas gemeinsam, oder?*

(3) mag wahr sein, obwohl mir nicht einfällt, was sie gemeinsam haben könnten. Jedenfalls *nicht*, dass beide geil sind, denn hier wird das Wort ›geil‹ offenbar in zwei ganz verschiedenen Bedeutungen verwendet. Genau das ist es, worauf man bei Schlussfolgerungen achten muss: die in ihnen verwendeten Wörter müssen an allen Stellen, an denen sie auftauchen, in der selben Bedeutung verwendet werden. Andernfalls drohen peinliche Trugschlüsse. Denn wenn das Tanzen zu dem gehört, was geil ist, dann besagt das nichts über alte Männer, die *in einem ganz anderen Sinne* geil sind. Nur wenn zwei Dinge unter *denselben Begriff* fallen, kann man daraus eine Gemeinsamkeit zwischen ihnen folgern. Wenn hingegen zwei völlig verschiedene Dinge nur zufällig mit dem selben Wort bezeichnet werden, folgt daraus gar nichts. Solche Wörter, die ihre Bedeutungen wechseln können, nennt man ›Äquivokationen‹ oder ›Homonyme‹ – zwei Begriffe, die nicht der Alltagssprache angehören; in ihr werden sie meist ›Teekesselchen‹

genannt – was übrigens zu der reizvollen Frage führt, ob ›Teekesselchen‹ ein Teekesselchen ist, also selbst eine Äquivokation. Bekannte Beispiele für solche Teekesselchen-Wörter sind ›Kamm‹ (zum Kämmen des Haares und auf dem Kopf des Hahns), ›Hahn‹ selber (das Tier und der Wasserausfluss) ... und eben ›geil‹. Häufig ist es so, dass ›normale‹ Wörter im Jargon bestimmter Gruppen noch eine zweite Bedeutung besitzen, damit man sich unterhalten kann, ohne von Außenseitern verstanden zu werden. ›Schnittlauch‹ ist dafür ein Beispiel – für uns ein ganz harmloses Wort und scheinbar kein Teekesselchen, im Knastjargon aber zugleich eine Bezeichnung für Polizisten: »außen grün und innen hohl« heißt es zur Erläuterung, denn wie auch bei ›Kamm‹ und ›Hahn‹ haben die verschiedenen Wortbedeutungen oft eine Grundlage in gewissen Ähnlichkeiten der bezeichneten Dinge, die sich hier aber nur dem bösartigen Auge erschließt.
Die Probleme im Alltag ergeben sich freilich nicht mit den bekannten Beispielen, sondern eher mit Wörtern aus Spezialjargons (die man dann einfach kennen lernen muss) oder solchen, die – aufgrund ihrer Unbestimmtheit, ihrer Vagheit in der Alltagssprache – ihre Bedeutung von Satz zu Satz leicht *verschieben* können. Diese beinhalten dann ein logisches Risiko. Kandidaten dafür sind also all die zu Beginn dieses Kapitels genannten Begriffe, und zwar einerseits gerade wegen der Probleme, sie exakt zu definieren, andererseits wegen ihrer Beliebtheit in der Umgangssprache. Beides zusammen macht zu gefährlichen Quellen von Teekesselchen-Fehlern.
Nehmen wir das Wort ›Schuld‹:

(1) Schuld ist etwas, wofür man sich schämen muss.
(2) Du bist schuld, dass dir der schöne Trinkbecher hingefallen und zerbrochen ist.
(3) Daher solltest du dich schämen.

(1) wird in solchen Auseinandersetzungen oft nicht ausgesprochen, sondern stillschweigend vorausgesetzt. Das ist, wie wir seit Kapitel 5 wissen, nicht ungewöhnlich und als solches auch nicht unbedingt schlimm. Schlimm ist aber, dass in (1) das Wort ›Schuld‹ offenkundig im Sinne einer moralischen Verantwortung (was immer das genau sein mag – es ist jedenfalls eine schwere Last und eine beliebte Waffe) verwendet wird. In (2) dagegen, wenn nämlich jemand ausgerutscht ist oder sich einfach ungeschickt angestellt hat, wird es eher im Sinne von ›Ursache‹ gebraucht: Du bist die *Ursache* dafür, dass der schöne Trinkbecher zerbrochen ist. Aber sind Ausrutschen bzw. Ungeschicklichkeit etwas, wofür ich *moralisch verantwortlich* bin? Ich denke nicht, denn in ›moralisch verantwortlich‹ liegt doch wohl, dass man sich auch anders hätte verhalten können, wenn man z. B. vorher die Folgen bedacht hätte. Ausrutschen ist aber etwas, was jemandem *passiert*, und Ungeschicklichkeit ist etwas, das jemand *an sich hat*. Der in diesem Falle geäußerte Vorwurf bezieht seinen Schein von Plausibilität also daraus, dass jemandem unterstellt wird, er sei für das, was ihm passiert oder was ihm eigentümlich ist, verantwortlich – etwas, das aber nur dann (scheinbar) plausibel zu machen ist, wenn man die unbestreitbare Tatsache »Du bist die Ursache für X = schuld« gleichsetzt mit »Du bist moralisch verantwortlich für X = schuld«. Der Trick besteht in der Verwendung eines Teekesselchens.

Oder schauen wir uns folgendes Beispiel an, das ebenfalls mit einem dieser kritischen Wörter operiert:

> *(1) Es können sich nicht die Menschen aller Kulturen irren.*
> *(2) Menschen aller Kulturen glauben an die Existenz eines höheren Wesens.*
> *(3) Also muss es ein höheres Wesen geben.*

Diese Schlussfolgerung ist schon problematisch genug; aber setzen wir sie der Deutlichkeit halber noch fort:

(1') Es gibt (also) ein höheres Wesen.
(2') Dieses höhere Wesen nennen wir ›Gott‹.
(3') Also gibt es Gott.

Es ist nicht schwer, hier die entscheidenden und in ihrer Bedeutung genau zu prüfenden Begriffe zu identifizieren.

Der Begriff ›höheres Wesen‹ ist eine harte Nuss. ›Höher‹ als was soll dieses Wesen sein? Nun, höher als die Menschen, die es verehren. ›Höher‹ in welchem Sinne soll es sein? Natürlich nicht der Länge nach, sondern der Wichtigkeit, der Bedeutung nach. Das kann nun auf mancherlei zutreffen (zumal die Begriffe ›Wichtigkeit‹ und ›Bedeutung‹ nicht über jeden Zweifel erhaben sind): Das Universum etwa können wir für bedeutender halten als unsere bescheidene und vorübergehende Existenz; es ist umfassender und dauerhafter. Jesus oder Buddha können wir für bedeutender halten als uns; sie haben vielen Menschen Belehrung und Orientierung gegeben, während sich um unsere Meinung nicht einmal die eigenen Kameraden scheren.

Gestehen wir also zu, dass an ein *in irgendeinem Sinne* höheres Wesen alle Menschen oder zumindest in allen Kulturen Menschen glauben. Menschen haben die Neigung, zu etwas Höherem, als sie selbst es sind, aufzublicken.

Das Wort ›Wesen‹ als Bestandteil von ›höheres Wesen‹ wird dabei klarerweise in einem ganz allgemeinen Sinne gebraucht, im Falle des Universums nicht einmal zur Bezeichnung einer Person.

Selbstverständlich bezeichnet auch das Wort ›Gott‹ ein solches höheres Wesen. Dies jedoch, soweit ich davon etwas verstehe, in einem sehr viel spezielleren Sinne, nämlich als *personales* Wesen – als ein Wesen mit Geist und Willen; außerdem soll dieses Wesen einen *allwissenden* Geist und einen *allmächtigen* Willen besitzen. Man sieht, dass hier eine *sehr* spezifische Bedeutung zugrunde liegt und gerade

nicht die, welche in (2), (3) und (1′) angenommen worden ist. In (2′) wird dann der Teekesselchen-Fehler begangen: ›Höheres Wesen‹ im ganz allgemeinen Sinne und ›höheres Wesen‹ im speziellen Sinne werden gleichgesetzt, und was für den einen Sinn durchaus zustimmungsfähig ist, wird für den anderen Sinn in Anspruch genommen. Die Tatsache, dass an ein Wesen namens ›Gott‹ (im speziellen Sinne) *nicht* alle Menschen, nicht einmal Menschen aller Kulturen glauben, ist vernebelt worden.
Auch an diesem Defekt der Bedeutungsverschiebung innerhalb einer Argumentation ist zu erkennen, wie wichtig es ist, sich über die Bedeutung der verwendeten Begriffe klar zu werden.

Auf einen schwerwiegenden, wenn auch nicht allzu häufig auftretenden Fehler innerhalb einer Definition muss man noch eigens hinweisen: Der Begriff, der definiert werden soll, darf innerhalb der Definition nicht mehr auftauchen. Denn dies würde bedeuten, einen Begriff mit sich selbst zu erklären. Dass daraus kein Erkenntnisgewinn entstehen kann, sieht man an folgendem Fall, in dem ein Begriff auf sich selber stößt:

> *»Ein Onkel? Das ist jemand, der einen Neffen oder eine Nichte hat.«*
> *»Und was sind Neffen und Nichten?«*
> *»Das sind Leute, die einen Onkel haben.«*

Man möge sich einen solchen Fehler im Sprachunterricht vorstellen. Da werden die Schüler aber kichern! Der Fehler klingt so albern, dass man kaum annehmen mag, jemand werde ihn ernsthaft begehen. Aber erinnern Sie sich daran, dass eine der beiden Möglichkeiten, ein Wort zu definieren, darin besteht, es durch andere Worte (statt durch Zeigen) zu erläutern. Und dann muss man, wenn man immer noch nicht aufs Zeigen ausweichen will, *diese* Worte nun ihrerseits durch andere Worte erläutern. Und so weiter. Irgendwann wird man vielleicht vergessen, welches Wort man *ursprünglich* definieren wollte. Und *dann* besteht durchaus die Gefahr, dass es in einer neuerlichen Definition auftaucht.

Fassen wir die Ergebnisse dieses Kapitels kurz zusammen:

- Viele häufig verwendete Worte haben eine unklare, wohl auch – je nach Zusammenhang – unterschiedliche Bedeutung.
- Dieser Umstand gefährdet das Verständnis und damit den Erfolg jeder Argumentation.
- Um dem vorzubeugen, gibt es zwei Arten, die Bedeutung durch Definition zu klären: 1 die Umschreibung des fraglichen Wortes durch andere und 2 das Zeigen auf ein Beispiel dessen, wofür das Wort stehen soll.
- Beide Verfahren haben ihre Tücken: 1 erfordert das Verständnis der erläuternden Worte, oder das Verfahren muss wiederholt werden, was aber nicht beliebig oft möglich ist; 2 funktioniert nur bei Worten, auf deren Gegenstände man zeigen kann, was oft nicht der Fall ist.
- Unter keinen Umständen sollte man in der Definition das Wort, das man definieren will, erneut verwenden – auch nicht nach mehreren Stufen des Verfahrens gemäß 1.
- Ein schwerer Fehler innerhalb einer Argumentation besteht darin, die Bedeutung eines Wortes, das an mehreren Stellen auftritt, zu verschieben, es also in verschiedenen Bedeutungen zu gebrauchen.

13.

»Das gilt auch für dich selbst!«

Wenn man jemandem in einer Diskussion mit viel Mühe einen Fehler nachgewiesen hat und sich dann sagen lassen muss, dass man diesen Fehler selber begangen hat, ist dies klarerweise peinlich. Dennoch begegnet einem das Problem gar nicht so selten. Nehmen wir uns etwa folgendes Beispiel aus der Werbung vor:

> **SEX SELLS. ARMUT NICHT.**
>
> Andere verkaufen mit viel nackter Haut.
> Das Straßenmagazin fiftyfifty verkauft die ungeschminkte Wahrheit. Und die Hälfte vom Erlös geht direkt an einen obdachlosen Verkäufer.

»Sex sells« ist mit dem Bild einer (fast) nackten Frau unterlegt, die dem Betrachter das Magazin »fiftyfifty« präsentiert. »Armut nicht« ist mit dem Bild eines Obdachlosen in tristeren Farben unterlegt, der ebenfalls »fiftyfifty« präsentiert.

Warum fängt dieses Plakat die Blicke? Es ist die (fast) nackte, gut aussehende Frau, die unsere Aufmerksamkeit weckt. Wir schauen also hin. Und was lesen wir? Dass *andere* mit viel nackter Haut verkaufen – wir hingegen … Und was soll erreicht werden? Es soll etwas verkauft werden. Wie aber wird für den Kauf geworben? Mit einer ›Masche‹, die angeblich nur ›die anderen‹ anwenden. Man könnte dieses Vorgehen als einen Scherz, einen lustigen Einfall verbuchen – wenn es denn bewusst gemacht worden ist. Ich bin da gar nicht so sicher. Denn Sex ist nun mal

ein Blickfänger, und die Obdachlosenzeitung ist nun mal ein Langweiler. Wie verführerisch ist es da, es einmal mit dem gleichen Mittel zu versuchen wie die anderen! Zumal es ja wirkt: Der Verkauf der Zeitung ist sprunghaft angestiegen, und sie war – erstmals! – schon zur Monatsmitte ausverkauft.
Was hier vorliegt, nennt man ›Selbstwiderspruch‹. Der hat, wie wir jetzt sehen, einen eigenen Reiz, falls er bewusst vertreten wird: Wir bemerken den Fehler und sind amüsiert; er macht hingegen einen stümperhaften Eindruck, falls er unwissentlich unterläuft.
Da die Sache eine so komische Seite hat, ist die Gelegenheit günstig, über einige Fälle von Selbstwiderspruch zu schmunzeln, bevor wir uns der Mühe einer ernsthaften Untersuchung unterziehen.

1.

> Ignorieren Sie
> dieses Schild!

2.
Kann der allmächtige Gott ein Rätsel erfinden, das er selbst nicht lösen kann?

3.
§ 1. Alles, was ich tue, ist richtig.
§ 2. Ist das einmal nicht der Fall, tritt automatisch § 1 in Kraft.

4.
Wie froh bin ich, dass ich Spinat nicht mag! Denn würde er mir schmecken, dann würde ich ihn essen, und ich hasse das Zeug!

5.
Der berühmte Physiker Niels Bohr wurde einmal von seinem Kollegen Wolfgang Pauli besucht. Dieser sah zu seinem Erstaunen ein Hufeisen über Bohrs Wohnungstür. »Nun sagen Sie bloß, dass Sie an solchen Unsinn glauben!«, meinte Pauli. »Selbstverständlich nicht«, erwiderte Bohr, »aber man sagt, dass es auch wirkt, wenn man nicht daran glaubt.«

Alle diese Aussagen haben gemeinsam, dass sie einen Selbstwiderspruch enthalten, d. h., sie bestreiten etwas, das sie selbst behaupten; sie geben etwas mit der einen Hand (den Sinn eines Satzes, die Wahrheit einer Behauptung) und nehmen es mit der anderen wieder. So fordert mich das Schild auf, etwas zu tun. Aber was soll ich tun? Das Schild ignorieren. Ich kann also der Aufforderung nur folgen, wenn ich ihr *nicht* folge. Gut, dann folge ich ihr nicht (was immer das heißen mag; sagen wir: ich rümpfe die Nase und blicke weg). Tue ich das, dann befolge ich aber doch die Aufforderung! Wäre die Sache nicht so lächerlich, müsste ich jetzt paralysiert sein und wüsste gar nicht mehr, was ich nun tun soll.

Im zweiten Beispiel soll ich etwas über einen allmächtigen Gott sagen. Was soll ich sagen? Ob es etwas gibt, was er *nicht* kann. Wenn er etwas nicht kann, dann ist er nicht mehr allmächtig. Mehr noch: wenn er *das* doch kann (ein für ihn unlösbares Rätsel erfinden), dann ist er ebenfalls nicht allmächtig.

Die Beispiele 3 und 4 können Sie auf die gleiche Weise ›verstehen‹, und in Beispiel 5 haben wir es mit einem berühmten Physiker zu tun, der *nicht* an die Wirkung von Hufeisen glaubt, aber doch daran glaubt, weil er glaubt, dass sie auch ohne diesen Glauben funktionieren.

Das alles klingt raffiniert ausgedacht, aber immer noch nicht so, als hätte es irgendeine Wichtigkeit für unseren Alltag. Ist das doch so? Als Ansatz ist vielleicht das letzte Beispiel am geeignetsten. Dem Physiker ist die Frage nach seinem Aberglauben offenbar peinlich, weshalb er es weit von sich weist, an Hufeisen zu glauben. Offensichtlich (jedenfalls wenn er sich nicht nur einen Scherz erlaubt hat) glaubt er in Wahrheit sehr wohl an diese Hufeisen, ist also durchaus abergläubisch. Er verrät sich also, indem er sich widerspricht. Und genau das ist die Ausgangslage, in der auch im Alltag häufiger Selbstwidersprüche auftreten. Jemand denkt oder tut etwas, was er anderen und vielleicht auch sich selbst nicht eingestehen will. Daher bestreitet er das, was zu gestehen ihm unangenehm ist, und gesteht es in anderer Hinsicht dann doch.

Dem anfangs zitierten Plakat geht es ähnlich (vorausgesetzt, dass es sich nicht einfach um einen Scherz handelte): Man hält eigentlich nichts von Waren, die mit Hilfe von Sex verkauft werden, und preist daher die eigene Ware gerade damit, dass sie nicht mit Sex werbe, weil Armut nun einmal nicht sexy sei. Weil aber die Werbung mit Sex eben so gut funktioniert, tut man es dann doch auch bei der eigenen Ware.

Ein geradezu spektakulärer Fall dieser Art ist der folgende, der einem den Einwand ›ist doch etwas weltfremd!‹ im Halse stecken bleiben lässt, weil er ein so wichtiges Dokument unseres politischen Lebens betrifft. Es handelt sich um das Grundgesetz (GG) der Bundesrepublik Deutschland, und zwar um dessen Artikel 79. Ich zitiere ihn zunächst, zwar gekürzt, aber in einer für unseren Zweck unwesentlichen Weise:

Art. 79 (Änderung des Grundgesetzes)

(1) Das Grundgesetz kann nur durch ein Gesetz geändert werden, das den Wortlaut des Grundgesetzes ausdrücklich ändert oder ergänzt. [...]
(2) Ein solches Gesetz bedarf der Zustimmung von zwei Dritteln der Mitglieder des Bundestages und zwei Dritteln der Stimmen des Bundesrates.
(3) Eine Änderung des Grundgesetzes, durch welche die Gliederung des Bundes in Länder, die grundsätz-

liche Mitwirkung der Länder bei der Gesetzgebung oder die in den Artikeln 1 und 20 niedergelegten Grundsätze berührt werden, ist unzulässig.[11]

Absatz (1) bestimmt, dass das GG nur durch ein ausdrückliches Gesetz geändert werden kann, und zwar gemäß einem Verfahren, das Absatz (2) regelt: durch eine Mehrheit der Stimmen in Bundestag und Bundesrat. Entscheidend für uns ist der Absatz (3): Bestimmte Elemente des GG dürfen *nicht* geändert werden, und diese Elemente werden aufgezählt. Sie betreffen zunächst die Existenz und die politische Funktion der Bundesländer, sodann die Artikel 1 und (nicht bis!) 20 des GG. Artikel 1 enthält ein grundsätzliches Bekenntnis zur Existenz von Menschenrechten (die dann in den folgenden Artikeln aufgezählt werden), Artikel 20 ein ebenso grundsätzliches Bekenntnis zur Demokratie (deren Regeln dann in den folgenden Artikeln formuliert werden). Anscheinend ging es den ›Vätern‹ des GG darum, dass keine der an sich zulässigen Änderungen des GG Bundesländer, Menschenrechte und Demokratie *völlig* abschaffen darf.

Wenn Sie nun diesen Text lesen mit der Nase eines Menschen, der nach Selbstwidersprüchen schnüffelt, dann fällt Ihnen auf, dass zu den Artikeln, die unabänderlich sein sollen, *nicht* der Artikel 79 selbst gehört. Er kommt ja in der Aufzählung des Absatzes (3) nicht vor. Daraus folgt, dass man – gemäß dem in Absatz (2) geregelten Verfahren – Artikel 79 abschaffen oder ändern darf. Dann darf man ihn natürlich auch so ändern, dass Bundesländer, Menschenrechte und Demokratie dadurch vollständig abgeschafft werden – was doch gerade verhindert werden sollte! Auch hier wird also mit der einen Hand etwas gegeben (der Schutz grundlegender Elemente unserer Verfassung), was mit der anderen Hand wieder genommen wird.

Das juristische Problem, das hierdurch für das Verständnis des GG entsteht, braucht uns hier nicht weiter zu beschäftigen. Aber ein Hinweis soll doch gegeben werden, um die Konsequenzen dieser Merkwürdigkeit zu illustrieren: Nach dem ›normalen‹ Verständnis des GG handeln jeder Mensch und jede Partei verfassungsfeindlich, wenn sie gegen Menschenrechte und Demokratie eingestellt sind, wenn sie sie abschaffen wollen. Das kann aber so nicht stimmen, wenn Menschenrechte und Demokratie doch *legal* (nämlich entsprechend den Bestimmungen unserer Verfassung selbst) geändert, ja sogar, wie wir gesehen haben, vollständig abgeschafft werden dürfen. Was man legal darf, das darf man aber doch wohl auch legal *wollen*, oder? Wer also die Menschenrechte und die Demokratie abschaffen will, der darf das wollen, weil man gemäß GG Menschenrechte und Demokratie eben abschaffen darf. Die einzige Grenze, die hier noch gesetzt wird, ist das *Verfahren* für solche Änderungen, wie es nämlich Absatz (2) bestimmt. *Nicht* legal ist daher die Bestrebung, Menschenrechte und Demokratie *mit Gewalt* statt mit Zwei-Drittel-Mehrheiten abzuschaffen. Will man eine Partei verbieten, dann muss man sich also mehr mit ihren Methoden als mit ihren Zielen befassen.

Es ist eine interessante Frage, ob dieses Problem den Verfassern bewusst war und sie es aus bestimmten Gründen in Kauf genommen haben, oder ob sie einfach in die Falle des ›Das eine will ich, das andere aber auch‹ getappt sind; dann hätten sie es versäumt, in den Katalog der unabänderlichen Artikel des GG den Artikel 79 mit aufzunehmen: So hätten sie beides haben können: den Schutz und die Veränderbarkeit – aber *nur* so.

Man könnte dennoch einwenden, bisher stehe der Nachweis aus, dass es sich bei all dem um mehr handele als um Scherze und wissenschaftliche Spezialfälle. Wo bleiben die Anwendungen im Alltag?

Dort, so meine ich, unterlaufen Selbstwidersprüche vor allem dann,

- a: wenn ein Mensch einander widersprechende Interessen hat und

• b: wenn ein Mensch seine Ansichten so weit verallgemeinern möchte, dass er dadurch seine eigene Äußerung dieser Ansichten mit einbezieht.

Dies muss durch entsprechende Beispiele belegt werden:

Zu a:
1. Um einen Fehler, den ich begangen habe, zu rechtfertigen, behaupte ich, dass es nicht so schlimm sei, einmal einen kleinen Diebstahl (etwa im Laden) zu begehen. – Um aber einen Menschen, der mich bestohlen hat, anzuklagen, vertrete ich den Standpunkt, man dürfe unter keinen Umständen stehlen.
2. Weil es mir als Lehrer gelegentlich passiert, dass eine Straßenbahn Verspätung hat und ich deshalb zu spät zum Unterricht erscheine, sage ich: »Eine kleine Verspätung kann ja mal vorkommen; das ist schließlich nicht so schlimm.« – Da ich als Lehrer aber auch darauf achten muss, dass Schüler sich nicht verspäten, behaupte ich: »Verspätungen kann man vermeiden, wenn man einfach eine Bahn früher nimmt.«
3. Ich habe es eilig und fahre deshalb bei Dunkelrot über die eine oder andere Ampel. Von meinem Beifahrer deswegen kritisiert, erwidere ich: »Es drängt wirklich sehr, und ich passe schon auf, dass nichts passiert.« – Über einen Autofahrer, der ebenfalls bei Rot eine Ampel überfährt, die an dem Weg liegt, den meine Tochter zur Schule nimmt, urteile ich: »Das ist wirklich unverantwortlich! Wozu sind Ampeln denn schließlich da?«

In all diesen Fällen wechselt der Urteilende die Perspektive; und weil jeweils seine Interessenlage verschieden ist, äußert er Ansichten, die einander widersprechen (vgl. dazu auch Kapitel 4). Dies kann ganz ausdrücklich geschehen (wie in 1) oder eher verdeckt (wie in 2 und 3). Auch in den letzten beiden Fällen liegt der Widerspruch jedoch vor, denn »Verspätungen kann man vermeiden, wenn man ein-

fach eine Bahn früher nimmt« dient ja zur Verurteilung von Verspätungen und zeigt einen Weg zu ihrer Vermeidung auf, der auch mir selbst offen stünde. Und »ich passe schon auf, dass nichts passiert« könnte auch der andere Autofahrer von sich behaupten, der die Ampel am Schulweg ignoriert.
Man kann davon ausgehen, dass solche Fehler meist unbewusst unterlaufen, weil man sich nicht mehr an das erinnert oder nicht erinnern *will*, was man bei früherer Gelegenheit gesagt hat.

Zu b:
1. »Niemand versteht mich so richtig«, sagt ein depressiver Mensch seinem Psychiater oder einem Bekannten, dessen Mitleid er erregen will.
2. »Die Jugend heute kann nicht einmal mehr richtig deutsch schreiben und macht Fehler über Fehler weil sie keine richtige Einstellung mehr zu lernen hat«, schreibt ein Leser an seine Tageszeitung, um zur Diskussion über den allgemeinen Verfall der Werte sein Scherflein beizutragen.
3. »Ich lerne nicht extra französisch für die Spieler, wo diese Sprache nicht mächtig sind«, sagte der Kaiserslauterer Fußballspieler Mario Basler über seinen Kollegen Youri Djorkaeff.
4. Der bekannte Spruch »Alle Menschen sind Ausländer – fast überall« soll einen bestimmten Typ Mensch, den ›Ausländerfeind‹, auf einen bestimmten Fehler in seinem ausländerfeindlichen Denken aufmerksam machen: Wer über *die* Ausländer schimpft, schimpft über sich selbst, weil er – aus anderer Perspektive – selber ein Ausländer ist.

Bei diesen Beispielen entsteht der Fehler, der Widerspruch nicht dadurch, dass der Sprecher selbst die Perspektive wechselt, sondern dadurch, dass er nicht merkt, wie er über sich selbst spricht, über das, was er gerade tut oder ist. Wenn ich jemandem mitteile, dass *niemand* mich rich-

tig versteht, warum mache ich dann diese Mitteilung? Falls aber der Gesprächspartner mich doch versteht, dann stimmt wohl etwas mit meiner Mitteilung nicht. Hier will also jemand etwas mitteilen (und dies mag durchaus auf traurigen Erfahrungen beruhen), was in irgendeiner Weise auf die Mitteilung selbst zurückschlägt: entweder erweist sie sich als erfolglos oder unwahr.
Und während in diesem Falle der Gesprächspartner sich die Mitteilung vermutlich richtig ›übersetzen‹ wird (nämlich als »Mich versteht so selten jemand!«), müssen der Leserbriefschreiber in 2 und der Fußballer in 3 damit rechnen, sich durch ihre eigenen Fehler lächerlich zu machen. Man kann sagen, dass jeder, der andere Menschen kritisiert – weswegen auch immer –, sich höllisch davor hüten muss, den kritisierten Fehler selbst zu begehen. Nicht nur, dass er seine Kritik dadurch weitgehend wertlos macht; wohl jeder der Kritisierten wird sich mit großer Begeisterung auf diese Schwachstelle des Kritikers stürzen. Eine handlichere und gefährlichere Waffe kann man seinem Gegner kaum in die Hand geben!
Und so steht es auch im Falle des Ausländerfeindes, der vermutlich nicht bedenkt, dass er gegenüber den meisten anderen Menschen sich genau in derjenigen Position befindet, über die er gewöhnlich schimpft.
Man kann vermuten, dass dieser Fehler entsteht durch eine verbreitete menschliche Schwäche, nämlich die Neigung zu Verallgemeinerungen. Wenn man *alles* einer bestimmten Regel unterwirft, alles in einer bestimmten Weise charakterisieren will, ist das so entstehende Weltbild natürlich viel einfacher und leichter verständlich, als wenn man es mit vielen Ausnahmen belastet und auf bestimmte Umstände beschränkt. Gerade durch diese (in einem kurzsichtigen Sinne) vorteilhafte Einfachheit schafft man freilich die Gefahr, vor lauter Allgemeingültigkeit sich selbst mit einzubeziehen – obwohl man das nun eigentlich nicht wollte. Wer aber über *alle* seine Mitteilungsversuche sprechen möchte, der spricht eben auch über diesen; und wer von *al-*

len Menschen gute sprachliche Fertigkeiten fordert, der fordert sie auch von sich selbst; und wer schließlich über *alle* Ausländer schimpft, der schimpft ebenso über sich selbst.

Den bereits (in Kapitel 6) behandelten Gefahren der Verallgemeinerung können wir hier also noch eine weitere hinzufügen: Wer verallgemeinernd urteilt, der vergrößert die Gefahr, über sich selbst zu urteilen und so sich selbst zu kritisieren. Aus diesen Überlegungen kann man die Schlussfolgerung ziehen, dass ein logisch richtiges Denken sich vor Widersprüchen hüten muss, die dadurch entstehen, dass man die eigene Aufmerksamkeit zu eng auf eine einzige Perspektive beschränkt. Ein weiter ausgreifender Blick, eine Perspektive gleichsam von oben macht oft klar, dass man den Standpunkt, den man *hier und jetzt* einnimmt, bei anderen Gelegenheiten ganz und gar nicht einnehmen möchte (= Widerspruch) oder dass man ein kritisiertes Verhalten, eine bemängelte Eigenschaft soeben selbst an den Tag legt (= Widerspruch). Dies ist eine Warnung, sich vor einer zu engen Hier-und-Jetzt-Perspektive in Acht zu nehmen.

14.
Ist und Soll

Ich gebe zu, dass diese Überschrift stark finanztechnisch klingt, indem sie an ›Soll und Haben‹ erinnert. Das ist aber nicht beabsichtigt. Vielmehr soll es um einen Denkfehler gehen, der fast allgegenwärtig ist und dem, fürchte ich, keine noch so schlaue logische Analyse den Garaus machen kann. Jedenfalls ist dieser Fehler seit seiner Entdeckung vor ca. 250 Jahren[12] außerhalb des engen Bereichs kundiger Philosophen kaum seltener begangen worden. Ihn zu begehen scheint – ähnlich wie die Neigung zu Verallgemeinerungen – in der menschlichen Natur zu liegen. Ob Sie von diesem Virus ebenfalls infiziert sind, können Sie diagnostizieren, indem Sie sich die folgenden Äußerungen anschauen und prüfen, ob daran etwas logisch ›faul‹ ist … oder ob sie Ihnen ›ganz normal‹ vorkommen:

1. *In Äthiopien herrscht weiterhin eine große Hungersnot. Also sollte man so bald wie möglich etwas dagegen tun.*

2. *Dieser Mann ist eindeutig getötet worden, nicht eines natürlichen Todes gestorben. Daher muss sofort die Polizei informiert werden.*

3. *Frauen werden immer noch in vielen Bereichen unserer Gesellschaft benachteiligt. Deswegen sollte man ein spezielles Gesetz zum Verbot von geschlechtsspezifischer Diskriminierung beschließen.*

Auf den ersten Blick klingen alle diese Aussagen, logisch gesehen, doch ganz unproblematisch. Oder doch nicht? Wenn man sich näher damit befasst, bemerkt man doch immerhin eine gleichartige Struktur in diesen drei Äußerungen: Zunächst wird ein bestimmter Sachverhalt festgestellt, nämlich die Hungersnot in Äthiopien, die Tötung eines Mannes, die Ungleichbehandlung von Frauen. In einem zweiten Schritt wird daraus eine Konsequenz gezogen, und zwar müsse man den Äthiopiern helfen, die Polizei informieren, ein Gesetz beschließen. Diese Konsequenz besteht, wie leicht zu sehen ist, in allen drei Fällen in einer *Handlung*, die getan werden *sollte*, die – mit einem anderen Wort – gefordert wird. Und diese Forderung wird als Konsequenz aus der zu Beginn getroffenen Tatsachenfeststellung gezogen; beachten Sie die entsprechenden Worte ›also‹, ›daher‹ und ›deswegen‹, auf deren Bedeutung das Kapitel 3 schon eingegangen ist.

Um es ganz deutlich und noch kürzer zu sagen: Das Wesen dieser Argumentation besteht darin, aus einer Aussage über eine *Tatsache* (Hunger, Tötung, Ungleichbehandlung) eine *Forderung* (Man muss Hilfe leisten, die Polizei informieren, ein Gesetz beschließen!) abzuleiten.

Damit kommen wir einem Verständnis der Überschrift dieses Kapitels einen großen Schritt näher. Tatsachen oder Sachverhalte werden üblicherweise in Sätzen formuliert, in denen das Hilfsverb ›ist‹ dominiert. Etwas *ist* der Fall, etwas *ist* einfach eine Tatsache. Selbst wo sich in den hier eingeführten Beispielen dieses ›ist‹ nicht findet, kann man es einsetzen, ohne dass sich die Bedeutung des Satzes ändert. »In Äthiopien herrscht Hungersnot« kann werden zu »Äthiopien *ist* ein Land, in dem viel gehungert wird«; und statt »Frauen werden benachteiligt« kann man natürlich auch »Frauen *sind* benachteiligt« sagen. ›Ist‹ oder ähnliche (Hilfs-)Verben zeigen also in Sätzen an, dass hier etwas beschrieben werden soll, was eine beobachtbare, objektiv feststellbare Tatsache ist. Meist geht es dabei um etwas, das man in irgendeiner Weise sogar messen kann.

In den Sätzen, die bei unseren drei Beispielen aus diesen Ist-Sätzen (um sie einmal so zu nennen) abgeleitet werden, in denen daraus Konsequenzen gezogen werden, dominiert eine andere Art von Worten: ›sollte‹ oder ›muss‹. ›Soll‹ oder ›müsste‹ oder ›gehört es sich‹ oder ›ist erforderlich‹ wären auch denkbar, d. h. in solchen Sätzen einsetzbar. Sätze mit diesen Worten drücken nicht einfach einen feststellbaren, beobachtbaren, messbaren Sachverhalt aus, sondern: eine Forderung, eine Norm, ein Werturteil, eine Empfehlung, einen Rat, einen Wunsch. Dabei kann natürlich die Forderung auch in einem Verbot bestehen: ›Das und das sollte man *nicht* tun!‹ Ob etwas geschehen sollte oder nicht geschehen sollte, macht logisch keinen Unterschied, denn in beiden Fällen handelt es sich nicht um einen einfach feststellbaren Sachverhalt, sondern um einen Wunsch oder Ähnliches.

Dass in Äthiopien gehungert wird, kann man durch Zählen von Personen und Nahrungsmengen pro Person feststellen, beobachten, messen. Dass man den Menschen dort helfen *muss* (oder müsste oder sollte usw.), kann man aber nicht durch Zählen und Messen von irgendetwas oder irgendjemandem feststellen. Dass ein Mensch tot ist, kann man medizinisch feststellen, indem man Puls, Herzschlag, Atmung, Hirnströme misst. Ob er an Altersschwäche (d. h. einem ›natürlichen Tod‹) oder an einem Messer im Herzen gestorben ist, kann man ebenfalls ganz nüchtern durch Beobachtung feststellen. Jede Art von Forderung oder Bewertung angesichts dieses Vorgangs kann nicht in gleicher Weise durch Beobachtung festgestellt werden. »Man muss die Polizei rufen«, »man muss den Mörder unnachsichtig bestrafen« usw. – das alles entspringt nicht irgendeiner Beobachtung. Und ebenso verhält es sich mit der Benachteiligung von Frauen: Dass sie besteht, kann man durch Zählen von Frauen in Spitzenpositionen, durch Berechnung von Einkommen oder auf ähnliche Weise als Tatsache feststellen. Was nun aber geschehen sollte oder muss oder müsste, das verraten uns kein Zählen oder Messen, keine Beobachtung, kein Rechnen.

Das ist ungeheuer wichtig. Denn wenn die durch ›soll‹ und ›muss‹ ausgedrückte Forderung bzw. Bewertung *nicht* wie eine Tatsache oder ein Sachverhalt durch Beobachtung festgestellt werden kann, was berechtigt uns dann, mittels

›also‹ und ›deshalb‹ aus einer Aussage über einen Sachverhalt eine Forderung *abzuleiten*? Wenn wir einen toten Menschen von vorn und hinten untersuchen können und dabei niemals eine Feststellung wie »Das hätte nicht geschehen dürfen!« oder »Wir müssen die Polizei benachrichtigen!« finden werden, woher bezieht denn dann die Forderung, die Bewertung ihre Berechtigung? Wie kann sie begründet werden, wenn das ›also‹ und ›deshalb‹ in diesen Satzverbindungen anscheinend keine Begründung anzeigt, sondern eher ihr Fehlen tarnt?
Man kann sich die Situation folgendermaßen veranschaulichen:

Bereich des Ist	**Bereich des Soll**
Es wird gehungert.	Es sollte aber nicht gehungert werden.
Jemand ist durch einen Messerstich ins Herz getötet worden.	Niemand sollte durch einen Messerstich ins Herz getötet werden. Wenn dies dennoch geschieht, muss der Täter von der Polizei ermittelt und durch Gerichte bestraft werden.
Es gibt weniger Frauen als Männer in leitenden Stellungen.	Es sollte genau gleich viele Frauen und Männer in leitenden Stellungen geben.

Das Problem, mit dem wir jetzt konfrontiert sind, besteht darin, ob wir und wie wir eine Brücke von links nach rechts schlagen können. Immerhin können wir bis jetzt sagen: Wegen der Kluft, wie sie zwischen der Feststellung eines Sachverhaltes und der Aufstellung einer Forderung besteht, ist Vorsicht geboten, wann immer jemand eine Forderung unter Hinweis auf eine Tatsache begründen will.

Da hilft ihm kein ›also‹ – eine solche Begründung ist nicht einleuchtend.
Allerdings wissen wir ja schon aus Kapitel 5, dass Argumentationen mit nicht eigens erwähnten Voraussetzungen gar nicht selten sind. Manchmal ist die Erwähnung der Voraussetzung überflüssig, manchmal erscheint sie – aus taktischen Gründen – nicht ratsam. Hilft uns diese Erinnerung hier weiter?
Wir können uns eines der bisher analysierten Beispiele vornehmen und uns fragen, ob ein solcher Pseudo-Schluss in eine ordentliche Form zu bringen wäre, wenn wir ihm eine passende Voraussetzung geben könnten.

(2) Frauen sind in unserer Gesellschaft benachteiligt.
(3) Also sollte ein Gesetz zur Beseitigung dieser Benachteiligung beschlossen werden.

So geht es noch nicht. Aber es ist auch nicht schwer zu sehen, wie man hier eine Prämisse (1) einsetzen kann, um die Schlussfolgerung korrekt zu machen:

(1) Jede Benachteiligung von Gruppen unserer Gesellschaft sollte durch Gesetze aufgehoben (überwunden, bekämpft) werden.

Jetzt ›stimmt‹ der ganze Gedankengang! Unter Voraussetzung von (1) und wenn (2) der Fall ist, folgt daraus (3). Aber wir können auch sehen, dass wir nun die Kluft, über die wir bisher keine Brücke schlagen konnten, geschlossen haben: Das ›also‹ von (3) folgt nicht mehr aus der Feststellung eines Sachverhaltes (2), sondern aus der Kombination von (1) als Voraussetzung mit (2) als der Feststellung des Sachverhaltes. (1) stellt aber keinen Sachverhalt fest, wie es (2) tut, sondern formuliert ein ›sollte‹ – ist also selbst ein Werturteil.
Wir leiten also keine Forderung aus einem Sachverhalt mehr ab, sondern eine (konkrete) Forderung aus einer

(abstrakteren) Forderung plus der Feststellung, dass eine bestimmte Situation gegeben ist. Das geht etwa so: (1) formuliert eine ganz allgemeine moralische Regel; (2) stellt fest, dass eine bestimmte Situation ein Beispielfall für diese Regel ist; und (3) überträgt dann die allgemeine moralische Regel auf den Fall.

Ganz ähnlich können wir bei den anderen Beispielen vorgehen: Falls in Äthiopien eine Hungersnot herrscht (2), dann sollten wir den Äthiopiern deshalb helfen (3), weil man *allen* Menschen in Not helfen sollte (1). Durch Hinzufügen der Regel (1) erhalten wir eine richtige und in sich einleuchtende Argumentation, und das Problem, aus dem ›ist‹ ein ›sollte‹ abzuleiten, verschwindet: allgemeines ›Sollte‹ plus Beispielfall = konkretes ›Sollte‹.

Und wenn jemand eines unnatürlichen Todes gestorben ist (2), dann sollte man die Polizei alarmieren (3), weil *jeder* unnatürliche Todesfall von ihr untersucht werden muss (1).

Selbstverständlich gilt alles, was in den Kapiteln 4 und 5 zur Problematik von Voraussetzungen – seien sie nun verschwiegen oder frank und frei präsentiert – gesagt worden ist, auch hier: (3) ist nur dann wahr und gültig, *wenn* (1) und (2) wahr und gültig sind. Die Logik sagt uns nur formal, in welchem Verhältnis (1), (2) und (3) zueinander stehen müssen, dass aus (2) allein (3) nicht folgt und wir uns also nach einem (1) umschauen müssen. Die Begründungsfrage besteht dann darin, ob (2) tatsächlich der Fall ist *und* (1) eine gültige moralische Regel. Stimmt es, dass alle Ungleichheiten in einer Gesellschaft gesetzlich bekämpft werden müssen? Trifft es zu, dass wir allen Menschen in Not helfen müssen? Warum eigentlich? Kann man *das* begründen, d. h. weitere, höhere Voraussetzungen finden, aus denen das abgeleitet werden könnte? Und wo muss man Schluss machen mit dieser Begründungskette?

Diese Fragen stellen sich auch hier. Und vermutlich bleiben etliche von ihnen unbeantwortbar oder zumindest umstritten. Gewonnen haben wir freilich doch etwas: In der Analyse eines häufiger vorkommenden Argumentationsmusters der Art ›Das und das ist so; also müssen wir …‹ hat sich gezeigt, 1. dass hier eine Voraussetzung nicht genannt wird, von der die Gültigkeit dieser Argumentation aber doch abhängt, und 2. dass diese Voraussetzung nicht einfach ein Sachverhalt sein kann, sondern eine moralische, jedenfalls eine bewertende Regel sein muss. Das ist deswegen wichtig, weil Sachverhalte natürlich wesentlich unproblematischer festzustellen sind als Bewertungen. Wäre damit bereits die schlussfolgernde Forderung begründet, dann wäre das Begründen einer Forderung viel einfacher, als es wirklich ist. Denn moralische Forderungen logisch zu begründen, erweist sich als sehr, sehr schwierig – schon deswegen, weil man hier gerade nicht einfach auf irgendeinen Sachverhalt mit dem Finger zeigen kann: »Da, schau doch hin! Da siehst du es!« Eine solche Möglichkeit kennzeichnet vielmehr einen Sachverhalt, d. h. das, was tatsächlich geschieht. Das aber, was geschehen *sollte*, ist ja nicht identisch mit dem, was geschieht, sondern oft dem gerade entgegengesetzt:

Es wird gemordet.	Es sollte nicht gemordet werden.
Viele Menschen hungern.	Niemand sollte hungern.
Viele alte Menschen sind vereinsamt.	Auch alte Menschen sollten Freundschaft und Liebe erleben.
Die meisten Jugendlichen haben kaum Kenntnisse in Chemie.	Jeder Mensch sollte heute etwas von Chemie verstehen.

Während wir doch für die Aussagen links Vorstellungen haben, wie man sie überprüfen und begründen könnte, ist es zwar leicht festzustellen, dass die Aussagen rechts etwas ganz anderes behaupten als die links, aber doch sehr

schwer anzugeben, wie man die Aussagen rechts begründen könnte.
Vielleicht tut man im Alltag gut daran, hier nicht allzu viel zu bohren. Für die meisten Menschen verstehen sich bestimmte moralische Ansichten irgendwie von selbst. Jeder Zweifel scheint eine gemeinsame Basis in Frage zu stellen, auf der unser gesellschaftliches Leben ruht. Das mag auch wirklich der Fall sein. Doch ist zugunsten des Fragenstellens vermutlich auch einiges vorzubringen, sodass das Rätsel, ob man in einer Gesellschaft allgemeine moralische Regeln besser ungefragt voraussetzen oder ob man sie diskutieren sollte, bis auf weiteres ungelöst bleibt.

Einem klugen Leser wird nach dem bisher Gesagten auffallen, dass diese Frage ein ›man sollte‹ enthält und also selbst eine moralische Frage darstellt. Die Frage nach dem *Wert* von Moral ist, kurz und knapp gesagt, selbst moralischer Natur. Und wenn ich behaupte, dass bei allen Forderungen zu ihrer Begründung nicht nur die Sachverhalte genannt, sondern auch die logisch erforderlichen Voraussetzungen in Form moralischer Regeln genannt werden sollten (*sollten*!), dann merken Sie, dass hier die scheinbar so neutral-wissenschaftliche Logik …

15.
»Das ist unnatürlich!« – »Das ist unnormal!«

Einem der beliebtesten Typen für die (scheinbare) Ableitung einer Forderung bzw. eines Verbotes aus einem Sachverhalt möchte ich ein eigenes Kapitel widmen. An ihm wird nämlich mehr als eine Tücke der Logik deutlich.
Zunächst tritt dieser Typ oft in einer extremen Verkürzung der logischen Struktur auf: »Rauchen (oder Homosexualität oder sich schminken oder aufs Kinderkriegen verzichten oder Sport treiben oder keinen Sport treiben usw. usw.) **ist unnatürlich**!« Es gibt vermutlich nicht viele menschliche Verhaltensweisen, die nicht von irgendjemandem zu irgendeiner Zeit als ›unnatürlich‹ kritisiert würden oder worden wären.
Dabei handelt es sich jeweils nur um einen einzigen Satz: »X ist unnatürlich.« *Gemeint* ist dabei aber: »X ist unnatürlich. Also *sollte man es nicht tun*!« Formuliert man es so, dann stellt sich unverzüglich der Verdacht ein, dass es sich auch hier um einen Schluss vom ›ist‹ aufs ›soll(te)‹ handelt. Und dann werden wir auch dem ›also‹ mit gehörigem Misstrauen begegnen. Schließlich fragen wir in unserer kritischen Einstellung noch nach der hier verschwiegenen Voraussetzung. Füllen wir all diese Defizite des schlichten »X ist unnatürlich« auf, dann kommen wir in etwa zur folgenden Gedankenkette:

(1) Etwas Unnatürliches sollte man nicht tun.
(2) X ist unnatürlich.
(3) X sollte man also nicht tun.

Damit sind wir zwar zu einer klareren logischen Form gekommen, aber noch nicht zu einem zufrieden stellenden Ergebnis. Was immer ich für ›X‹ einsetze – wir können zu unseren Zwecken ruhig beim Rauchen bleiben –, ich komme für (1) und (2) und schon gar für das ›also‹ in (3) zu keinem Verständnis, das mich mit dem Kopf nicken lässt. Wohlgemerkt: *was immer* ich für ›X‹ einsetze – und sei es, als Mann Damenkleider tragen und darin um Mitternacht im Altersheim Posaune spielen (was das Unnatürlichste ist, das mir nach längerem Nachdenken einfallen will).

Diese Bedenken hängen mit dem Wort ›natürlich‹ bzw. seinem Partner ›unnatürlich‹ zusammen. Es ist in seinem Sinn unklar und schillert in verschiedenen Bedeutungen, so dass es ein guter Kandidat für Teekesselchen ist (von denen in Kapitel 12 die Rede war). Überlegen wir also einmal, was damit eigentlich gemeint ist, wenn jemand über ein Verhalten X urteilt, es sei unnatürlich, weshalb es besser nicht getan werden sollte.

Dass ein Verhalten X unnatürlich sei (für ›natürlich‹ gilt das Gegenteil), scheint zunächst zu besagen, dass X ›in der Natur‹ nicht vorkommt. Wenn man ›Natur‹ jetzt in einem sehr weit gefassten Sinne versteht, heißt das: X *gibt es nicht*. In diesem Sinne wäre alles unnatürlich, was einem Naturgesetz widerspricht. Dass Gase bei Erwärmung kontrahieren, ist ebenso ›unnatürlich‹ wie eine Rakete, die mit Überlichtgeschwindigkeit fliegt (wovon in Science-fiction-Filmen viel abhängt).

Aber es ist leicht zu sehen, dass jemand, der ein Verhalten X als unnatürlich bezeichnet, das so nicht meinen kann. Denn *dieser* Sinn von ›unnatürlich‹ hieße ja, dass es ein solches Verhalten X gar nicht geben kann, weil es einem Naturgesetz widerspricht. Dann wäre freilich jede Kritik eines solchen Verhaltens ebenso überflüssig wie die Warnung einer Mutter an ihren tempobegeisterten Sohn: »Fahr' ja nicht mit Überlichtgeschwindigkeit!« Es muss sich stattdessen um ein Verhalten handeln, das zwar unnatürlich, aber dennoch praktisch möglich ist. Was könnte ›unnatürlich‹ dann bedeuten? Versuchen wir es mit ›kommt in der *außermenschlichen* Natur nicht vor‹. Das heißt dann: Man kann schon rauchen, aber Tiere tun es

nicht. Man kann schon homosexuell sein, aber außer bei Menschen gibt es das nicht.
Sehen wir einmal von der Frage ab, ob Tiere *wirklich* nicht rauchen und nicht homosexuell sind – was wäre, diesen Sinn von ›unnatürlich‹ unterstellt, von einem Argument zu halten, das damit operiert?

> *(2) (Homosexualität ist unnatürlich =) Tiere betätigen sich nicht homosexuell.*
> *(3) Also sollten Menschen sich nicht homosexuell betätigen.*

Hier klingt nicht nur der Inhalt von (3) irgendwie moralisch veraltet; erst recht das ›also‹, abgeleitet aus (2), lässt einen die Stirn runzeln. Nun wissen wir ja inzwischen, dass aus einem ›ist‹ (2) kein ›sollte‹ (3) folgt und dass wir uns in diesen Fällen eine Voraussetzung inklusive ›sollte‹-Regel in (1) hinzuzudenken haben:

> *(1) Menschen sollten niemals (etwas Unnatürliches tun =) etwas tun, was Tiere nicht tun.*

Wird die Geschichte dadurch besser? Immerhin können wir die so entstandene Argumentation *formal* richtig nennen: *Wenn* (1) und *wenn* (2) zutrifft, *dann* gilt auch (3), d. h., das ›also‹ stünde dort mit Recht. Allerdings dürfte diese Regel (1) zugleich mit der Homosexualität – und im Ausgang von einigen gängigen biologischen Annahmen auf Stufe (2) – auch das Tragen von Kleidung, den Besuch weiterführender Schulen und den Gottesdienst erledigen; politische Wahlen, das Fahren von Autos und die Disko-Besuche entfielen ebenso.
So geht es nicht. Wenn etwas als unnatürlich verboten werden soll, weil es unnatürlich in dem Sinne ist, dass Tiere es nicht tun, dann müssten wir – zumindest im Nachhinein – die ersten Experimente unserer Ahnen mit der Herstellung von Werkzeugen und Feuer moralisch scharf verurteilen.

Versuchen wir es mit einer dritten Bedeutung von ›unnatürlich‹, die nun aber schon ein bisschen weit hergeholt ist: das Ungesunde, das einem gesunden, normalen Ablauf Widersprechende. In diesem Sinne wäre es unnatürlich, mit einem gebrochenen Bein herumzulaufen. Zwar widerspricht das keinem Naturgesetz, und auch bei Tieren mag es nach Unfällen vorkommen; aber es entspricht nicht dem optimalen (normalen, gesunden) Ablauf der Dinge. Mit geheiltem Bein käme man schneller vorwärts, und deshalb *sollte* man ein gebrochenes Bein schienen und heilen lassen. Das zu tun ist einfach natürlich. Und jetzt haben wir auch einen Begriff von ›(un)natürlich‹, mit dem sich ganz zwanglos ein ›sollte‹ bzw. ›sollte nicht‹ verbinden lässt. Versuchen wir daher die Anwendung:

> *(1) (Etwas Unnatürliches =) Etwas Ungesundes, etwas dem optimalen Zustand, der Norm Widersprechendes sollte man nicht tun.*
> *(2) Rauchen ist (etwas Unnatürliches =) etwas Ungesundes, dem optimalen Zustand Widersprechendes.*
> *(3) Also sollte man nicht rauchen.*

Wiederum kann man aus formalen Gründen keinen Einwand erheben. *Wenn* (1) und (2) zutreffen, dann …
Der ganze Wert der Argumentation ruht nun darauf, dass (2) medizinisch wahr und (1) moralisch gültig ist.
(2) möchte ich fürs Rauchen zugestehen, für Gottlosigkeit bezweifeln und für Homosexualität nicht ernsthaft in Betracht ziehen. Und (1) klingt ein wenig wie ›was man nicht tun sollte, sollte man nicht tun‹; denn ›etwas der Norm Widersprechendes‹ dürfte doch wohl nichts anderes bedeuten als: ›was man nicht tun sollte‹. Der ganze Satz besagt dann so gut wie gar nichts mehr.
Was ist geschehen? Wir haben eine Bedeutung von ›unnatürlich‹ gefunden, die der Argumentation von (1) bis (3) jede Plausibilität nimmt – außer der formalen, die aber inhaltlich nicht weiterhilft, weil sie nur eine Wenn-dann-

Plausibilität ist: Wenn es der Norm widerspricht, dann widerspricht es der Norm. *Ob* Rauchen, Gottlosigkeit und Homosexualität einer Norm widersprechen, bleibt völlig ungeklärt, weil nun ›unnatürlich‹ nicht mehr bedeutet als ebendas. Wer etwas in diesem Sinne als ›unnatürlich‹ bezeichnet, *behauptet* damit nicht mehr als: es widerspricht einer Norm, es ist unmoralisch. Auf keinen Fall hat es hier noch die Bedeutung einer Tatsache.

Da war die erste in Betracht gezogene Bedeutung von ›unnatürlich‹ (= einem Naturgesetz widersprechend) doch viel praktischer; denn was in *diesem* Sinne unnatürlich ist, lässt die Frage, ob man es denn trotzdem tun darf, nicht einmal mehr als eine überhaupt sinnvolle zu. Wir bewegen uns im sicheren Bereich dessen, was der Fall ist, der Tatsachen – der notwendigen sogar. Und diese Notwendigkeit des ›es ist so und muss so sein‹ möchte man sich für sein ›es sollte so sein‹ ausborgen.

Selbst im zweiten Sinne reden wir ja noch über natürliche *Sachverhalte*; und in diesem Falle scheint ihnen sogar eine normative Kraft innezuwohnen, wenn man nämlich das Leben der außermenschlichen Wesen als unverdorben-wertvoll ansieht.

Leider funktionieren moralische Argumentationen mit der ersten und der zweiten Bedeutung von ›(un)natürlich‹ aus den gezeigten Gründen nicht. Wir können aber jetzt ahnen, warum sich Argumentationen mit diesem Wort einer so großen Beliebtheit erfreuen: Wenn man systematisch im Unklaren lässt, was genau man mit ›(un)natürlich‹ meint, klingen sie sehr verführerisch. Der eigentlich nicht in die moralische Diskussion passende Sinn von ›naturgesetzmäßig‹ und ›unberührt von menschlicher Willkür‹ klingt mit hinein, so dass Rauchen, Homosexualität usw. *irgendwie* einem Naturgesetz zu widersprechen scheinen … und einem verschwommenen Ideal von unverdorbener Natürlichkeit obendrein.

Das sicherste Hilfsmittel gegen diese Verführung besteht wohl darin, sich selbst bewusst zu machen und den Gesprächspartner danach zu fragen, in welchem Sinne denn ›natürlich‹ und ›unnatürlich‹ hier gemeint sei.

Einen ganz ähnlichen Charakter hat die Verwendung des Wortes ›normal‹ in unserem Alltag. Gelegentlich zu lügen ... »ist doch normal«. Sich zehn Löffel Zucker in den Kaffee zu schütten ... »ist doch unnormal«. Ebenso kann man es als unnormal bezeichnen, fünfmal zu heiraten, oder als normal, bei der Steuererklärung nicht ganz korrekt zu sein. Es fehlt nicht viel, und man könnte die beiden Wörter ›(un)natürlich‹ und ›(un)normal‹ synonym gebrauchen. Und sehr ähnlich ist auch ihre zwischen ›es ist (nicht) so‹ und ›es sollte (nicht) so sein‹ schillernde Bedeutung. ›Normal‹ bedeutet zunächst einmal – dem Wortsinn nach – ›einer Norm entsprechend‹. Aber was ist unter dieser ›Norm‹ zu verstehen? Jetzt wird es zweideutig. Die Bedeutung ›einem Naturgesetz entsprechend‹ wird hier nicht ganz erreicht; aber gemeint sein kann das, was *die meisten* Menschen tun. Da ist Heterosexualität normal und ist es unnormal, ein Mörder zu sein. Ebenso ist es (vermutlich) normal, bei der Steuererklärung zu mogeln, und unnormal, Kaffee und Zucker im Verhältnis 50:50 zu mischen. Die meisten tun das eine, die meisten tun das andere nicht. Das sind Tatsachen.
So wie man das Wort oft gebraucht, nämlich zur *Bewertung* eines Verhaltens, meint ›normal‹ aber *auch*: ›ist in Ordnung‹, und ›unnormal‹: ›ist nicht in Ordnung‹.

(2) Bei der Steuererklärung zu mogeln ist normal (= tun die meisten).
(3) Also darf auch ich es tun.

Hier wird aus der Beschreibung eines Sachverhaltes (= ist so) eine Erlaubnis abgeleitet, also eine Bewertung (= soll nicht verboten werden). Diese Schlussfolgerung ist aber nur dann logisch, wenn wir ergänzen:

(1) Was die meisten tun (= was normal ist), dürfen auch die anderen (oder: alle) tun.

Diese Voraussetzung aber hat zwei Eigentümlichkeiten: 1. Sie ist – wegen des ›dürfen‹ (= sollte man nicht verbieten) kein Ist-, sondern ein Soll-Satz. Insofern ist die Schlussfolgerung jetzt formal korrekt. 2. Inhaltlich ist diese Voraussetzung sehr fragwürdig – schon deswegen, weil sie alles Mögliche erlaubt, wenn es nur die meisten tun. Und umgekehrt dürfte man etwas als ›unnormal‹ *nicht* tun, wenn es *die meisten* nicht tun. Schlecht für Homosexuelle und Zuckerjunkies. Wir bekämen dann also:

(1) Was die meisten nicht tun (= was unnormal ist), dürfen auch die anderen nicht tun.
(2) Homosexualität ist unnormal.
(3) Also darf niemand homosexuell sein.

Die ganze Fragwürdigkeit dieser Voraussetzung (1) versteckt man im alltäglichen Gebrauch von ›normal‹ und ›unnormal‹. Und darin besteht der Trick.
Ein vergleichbarer Kniff, die Kluft zwischen Sachverhalten (dem Ist) und Normen (dem Sollte) zu verschleiern, ist zu befürchten bei folgenden und ähnlichen Ausdrücken:

• *Jede menschliche Kultur glaubt* … (in irgendeiner Weise an Gott, an den Wert des Friedens, die Verwerflichkeit des Mordes o. ä.)
• *Alle wahren Moslems tun* … (etwas bzw. etwas anderes nicht)
• *Jeder echte Demokrat weiß* …
• *Jeder gesund empfindende Mensch vermeidet* … eine Redeweise, die zum Glück ein wenig aus der Mode gekommen ist
• *Alle Fachleute empfehlen* …

Die Struktur dieser Argumentationseinleitungen ist stets die gleiche: Wir können, so wird suggeriert, von einer Regel, einer Gesetzmäßigkeit ausgehen (Jeder …, alle …), und diese Gesetzmäßigkeit hat den Charakter einer Tatsache, eines Sachverhaltes, ausgedrückt mit den entsprechenden Verben (Leute glauben[13], tun, wissen, vermeiden = tun nicht, empfehlen), also etwas, das man eindeutig feststellen kann; und aus diesem Sachverhalt (der allerdings oft so eindeutig gar nicht ist) wird dann unweigerlich im folgenden Schritt ein ›also sollte man‹ oder ›also solltest du‹ abgeleitet. Werden Sie mit einer Argumentation konfrontiert, die so beginnt, dann können Sie

- die Gültigkeit des behaupteten Sachverhaltes bezweifeln und überprüfen,
- verdeckt wertende Begriffe innerhalb der Behauptung eines Sachverhaltes beachten (›jeder *wahre* Moslem‹, ›jeder *echte* Demokrat‹, ›jeder *gesund* empfindende Mensch‹) und kritisieren (offensichtlich steckt hier die Norm schon drin, denn jeder, der der folgenden moralischen Forderung widerspricht, ist anscheinend kein *wahrer* Moslem usw. – so hat man sich bei der Begründung viel Mühe gespart!);
- den Unterschied zwischen der Feststellung einer Tatsache (was alle Arten von Menschen tun bzw. nicht tun) einerseits und einer moralischen Forderung andererseits klarstellen (denn es ist gut denkbar, dass das, was – mehr oder weniger – alle tun, nicht das moralisch Beste ist; jedenfalls brauchte man sich, wäre es tatsächlich dasselbe, um Gebote wie »Liebet eure Feinde, tut Gutes denen, die euch hassen!« oder »Nimm nicht, was dir nicht gegeben wurde!« wenig Gedanken machen).

Die Kluft zwischen der Welt, wie sie ist, und der Welt, wie sie sein sollte, bleibt rätselhaft und schwierig, so dass der Trick, diese Kluft in einer Argumentation nonchalant zu ignorieren, kein logisches Kavaliersdelikt ist. Wer bei einer so altehrwürdigen Frage tut, als ob es sie nicht gäbe, ist entweder dümmer als notwendig, oder er will uns über den Tisch ziehen.

16.

Sprechen beschreibt und schafft Sachverhalte[14]

Stellen wir uns einmal ein altgedientes Ehepaar vor, das sich folgendes kleine Wortgefecht liefert:

Sie: Immer widersprichst du mir!
Er: Das ist überhaupt nicht wahr!

Hat er ihr jetzt widersprochen? Na klar!, möchte man sagen, denn das ist ja schließlich der Sinn von »Das ist überhaupt nicht wahr!« Aber sie hatte doch behauptet, er widerspreche ihr immer. Wenn er ihr daraufhin widerspricht, dann bestätigt er sie doch eigentlich, oder?
Das klingt nach einem *logischen* Widerspruch von der Art, wie sie in Kapitel 9 behandelt worden ist. Aber Vorsicht! Sie hat behauptet, dass er ihr *immer* widerspreche. Wenn er dieses ›immer‹ verneint, dann widerspricht er zwar ihrer Aussage, aber er widerspricht sich nicht selber (im logischen Sinne). Dass er ihr *manchmal* widerspricht, z. B. jetzt gerade, wird er vermutlich zugeben.
Interessant ist an diesem kleinen Disput aber noch etwas anderes. Wenn sie sagt »Immer widersprichst du mir«, dann spricht sie über einen bestimmten Sachverhalt, nämlich den Zustand ihrer Ehe. Sie stellt also, gemäß der Unterscheidung von Kapitel 14, eine Tatsache fest. Freilich ist dieser Satz auch noch als Vorwurf gemeint, enthält also obendrein eine moralische Bewertung. Insofern ist ihre Aussage nicht so ganz schlicht aufzufassen, sondern enthält einen Doppelsinn und damit eine gewisse Tücke.
Es kommt aber noch raffinierter: Indem ihre Aussage eine Tatsache feststellt (dass er ihr immer widerspricht) und damit zugleich einen Vorwurf andeutet (›Wärst du ein besserer Mensch, dann tätest du das nicht‹ = Du solltest das nicht tun), *schafft* sie einen Sachverhalt: nämlich einen

Streit. Nehmen wir an, dass er bis dahin friedlich die Zeitung gelesen hatte, dann *eröffnet* sie durch ihren Vorwurf eine Auseinandersetzung, indem sie zwar nicht einer bestimmten Aussage von ihm, aber doch gleichsam seinem Wesen ›widerspricht‹.
Andererseits bestreitet er, dass sie den Sachverhalt ›Unsere Ehe ist durch deinen ständigen Widerspruch gekennzeichnet‹ zutreffend beschreibt; aber indem er das bestreitet, *schafft* auch er einen Sachverhalt: einen Widerspruch.
Das klingt noch recht kompliziert. Und es mag überraschen, dass in einem solchen kleinen Streit eine derart schwierige Struktur enthalten sein sollte. Ein Überblick mag helfen:

Ein Satz beschreibt etwas	**Ein Satz schafft etwas**
»Du streitest immer mit mir«, beschreibt das Verhalten eines Ehepartners.	»Du streitest immer mit mir«, eröffnet einen Streit.
»Du siehst müde aus«, beschreibt das Aussehen eines anderen Menschen. »Kann ich dir etwas Arbeit abnehmen?« stellt fest, dass der Sprecher hilfsbereit ist.	Mit »Du siehst müde aus. Kann ich dir etwas Arbeit abnehmen?« stellt man eine freundliche, kooperative Atmosphäre her.
»Ich bin richtiggehend deprimiert, seit ich von dem Tod deiner Frau gehört habe«, beschreibt den seelischen Zustand des Sprechers.	»Ich spreche dir zum Tod deiner Frau mein Beileid aus«, sagt nichts aus über den Sprecher und seinen Zustand, sondern der Sprecher *tut* etwas mit diesem Satz, er vollzieht ein bestimmtes Ritual, das dadurch realisiert wird, dass man den Satz ausspricht.

Ein Satz beschreibt etwas	**Ein Satz schafft etwas**
»Mein ältester Sohn heißt Julian«, informiert über einen bestimmten Sachverhalt: den Namen des ältesten Sohnes, den der Sprecher hat.	»Ich taufe dich auf den Namen Julian«, stellt denjenigen Sachverhalt her, der mit der linken Aussage bloß beschrieben wird.
»Klaus ist ein dummer Kerl!« behauptet, dass der, über den gesprochen wird, sich in einem bestimmten Zustand (Intelligenzdefizit) befindet.	»Du bist ein dummer Kerl!« behauptet das Gleiche über den Gesprächspartner, tut aber mehr: es vollzieht eine Beleidigung und stellt damit eine Tatsache her.

Mit diesen Beispielen wird hoffentlich deutlicher, dass man mit einem bestimmten Satz nicht nur eine Information mitteilen, irgendetwas in der Welt beschreiben, sondern ebenso eine bestimmte Situation schaffen kann. Man könnte sogar die Ansicht vertreten, dass *jede* Aussage über die Realität *zugleich* auch eine Realität herstellt, indem sie etwas *tut* (z. B. informieren); aber im Alltag ist es nicht so wichtig zu wissen, ob immer …, sondern *was* in diesem konkreten Fall außer der Information durch diese Aussage auch noch getan worden ist, wozu man sich dann verhalten kann bzw. sollte.
Wenn mich jemand als einfältig bezeichnet, dann kann ich ja auf den Inhalt seiner Aussage eingehen und ihm Beispiele meiner Cleverness und Intelligenz nennen; ich kann aber auch darauf eingehen, dass er mich mit dieser Aussage beleidigt hat. Und vielleicht kam es ihm gerade darauf und weniger auf den Wahrheitsgehalt an. »Du Spasti!« oder »Du Sülzkopf!« bedeuten ja auf der Ebene der Beschreibung gar nichts bzw. nichts Ernstzunehmendes mehr. Hier geht es *nur* noch darum, einen Sachverhalt herzustellen: die Beleidigung.

Wenn man einmal den Unterschied zwischen der wirklichkeitsbeschreibenden und der wirklichkeitsschaffenden Seite eines Satzes verstanden hat, scheint es damit gar nicht so große Schwierigkeiten zu geben. Ob wir den Namen eines Menschen nennen oder ihm einen Namen geben, ob wir seine intellektuellen Leistungen beschreiben oder ihn beleidigen wollen, ist in der Regel gut zu erkennen. Allerdings gibt es einige Ausnahmen von dieser Regel, die es ratsam machen, im Gespräch auf den Unterschied zu achten.

1. Es gibt Beleidigungen, die als solche nicht gleich zu erkennen sind. Dabei handelt es sich um Aussagen über Sachverhalte, die in manchen Zusammenhängen wertfrei sind und keine diskriminierende Wirkung haben, in anderen Zusammenhängen aber schon. »Du bist ein Atheist« wird in einer pluralistischen Gesellschaft oder ausgesprochen von einem selbst Ungläubigen wohl nur als Beschreibung eines Sachverhaltes aufgefasst werden; in einer sehr gläubigen Gesellschaft oder gesagt von einem Strenggläubigen kann derselbe Satz eine Beleidigung darstellen. »Du kannst kein Englisch«, beschreibt eine Tatsache, und wenn es von einem Lehrer zu einem Fünftklässler gesagt wird, tut es nicht mehr als das; wird es aber von einem Lehrer zu einem Oberstufenschüler im achten Jahr Englischunterricht gesagt, dann ist es sicherlich nicht nur eine Tatsachenfeststellung. Es kommt also darauf an, den Zusammenhang von Sprache, Sprecher und Umständen, in denen sich das Sprechen vollzieht, zu beachten, um neben dem behaupteten Sachverhalt, der Begründung für die Behauptung und all dem, womit wir uns in den früheren Kapiteln befasst haben, auch noch das mitzubekommen, was der Sprecher durch seine Aussage *tut*. Möglicherweise tut er sogar etwas *Gutes* durch eine Aussage, die wie eine nüchterne Feststellung klingt, aber zugleich ein Kompliment ist. Denn diese Uneindeutigkeit tritt nicht nur bei Beleidigungen auf.

2. Manche Sätze tarnen ihren Charakter geradezu, d. h., sie haben die Form einer Tatsachenfeststellung oder einer

Frage, sind aber in Wahrheit Sätze, die eine Tatsache schaffen sollen.
»Ich bin traurig, dass du durch die Prüfung gefallen bist«, ist in aller Regel nicht als Beschreibung eines Seelenzustandes gemeint, sondern als Beileidsbekundung. Wenn man sagt, jemand *äußere* sein Mitleid, dann scheint man zu meinen, der Betreffende teile etwas Inneres (sein Leiden) nach außen – dem anderen eben – mit; es kann damit aber auch eine eher rituelle Handlung gemeint sein, durch die eine Verbundenheit erzeugt werden soll. Ersteres ist eine Tatsachenfeststellung, Letzteres die Herstellung einer Tatsache.
»Können Sie mir sagen, wie spät es ist?« – Ein Scherzkeks, wer darauf bloß mit »Ja« antwortet. Denn selbstverständlich handelt es sich hier nicht oder doch nicht nur um die Frage nach dem Sachverhalt ›Sagen-Können‹, sondern (auch) um eine Bitte; d. h., es wird zwischen Sprecher und Angesprochenem eine bestimmte Art von Beziehung hergestellt: die zwischen Bittsteller und Gewährendem. Da manche Regeln der Höflichkeit das direkte Aussprechen des Gemeinten verbieten (»Sagen Sie mir bitte, wie spät es ist!« klingt seltsam), ist manchmal nicht gleich klar, worum es dem Sprecher eigentlich geht. »Ist noch Tee da?« kann meinen: »Ich bitte um Tee.« – »Manche Leute sind da vielleicht anderer Meinung«, kann bedeuten: »*Ich bin* da anderer Meinung.« – »Würde es Sie sehr belästigen, wenn ich Ihnen sagte, dass ich Sie liebe?« ist mir nie als Frage erschienen, sondern als zartfühlende Liebeserklärung.
Zu all den bisher behandelten Fragen wie »Ist das wahr, was er sagt?«, »Hat er es gut begründet?«, »Hat er den und den Denkfehler begangen?«, »Von welchen Voraussetzungen geht er aus?«, »In welcher Bedeutung verwendet er das und das Wort?« – zu all dem kann bzw. sollte man also auch noch fragen: »Was tut er damit, dass er das jetzt mir sagt? Will er ein Gespräch, eine Diskussion eröffnen? Oder will er mich provozieren? Will er mich demütigen? Will er seine Überlegenheit bekunden? Möchte er mich

einfach näher kennen lernen (wozu seine Behauptung nur ein Hilfsmittel darstellt)?« usw. usw. Diese Fragen zu beantworten, kann keine einfache Regel uns abnehmen. Es gehören viel Menschenkenntnis und Sensibilität dazu. Dabei hängt von der Antwort viel ab: nämlich die bestmögliche Reaktion. Wer z. B. die Ironie in einer ›bewundernden‹ Äußerung nicht bemerkt, macht sich lächerlich.
Wenn man für all das aber schon keine Regel an die Hand geben kann, so liegt doch eine wichtige Hilfestellung in der Warnung, diese Dimension des Sprechens – dass jemand, der etwas sagt, damit auch etwas tut – auf keinen Fall zu ignorieren.

17.
Die Kunst und die Tricks des Gesprächs

Es ist nun, da wir uns dem Ende nähern, an der Zeit, einen Blick auf das ganze Unternehmen einer Darstellung des Denkens, Argumentierens und Diskutierens im täglichen Leben zu werfen. Welche Möglichkeiten eröffnet es? Welche Gefahren kann man mit seiner Hilfe vermeiden? Welche Gefahren entstehen vielleicht gerade erst durch einen solchen Versuch?
In einem alten buddhistischen Text heißt es:

Voller Zorn Gespräche führen,
aufgebläht und unnachgiebig,
unvornehme Mittel nutzen,
bei dem andern Fehler suchend,

Sich beim Gegenredner weiden
an Versehen, falschen Worten,
an Verwirrung, Niederlage:
das ist nicht der Edlen Art.

Wenn der Weise wünscht zu sprechen,
wird er erst die Zeit bedenken,
wird dann von der Lehre sprechen
und vom heiligen Lebenswandel;

Unerschütterlichen Geistes,
unverworren in Gedanken,
ohne Haß und ohne Dünkel,
ohne Neid und Heftigkeit.

Ohne Eifersucht im Herzen
Spricht er weise überlegend;
Gute Rede wird ihn freuen,
schlechte wird er nicht verspotten.

Die Lust zu tadeln kennt er nicht,
er klammert sich nicht an Versehen,
er schweift nicht ab und braust nicht auf,
er spricht kein lügnerisches Wort.

Die rechte Rede schafft Vertrauen,
vertieft das Wissen von der Lehre.
Die Edlen wissen so zu reden,
die Heiligen, beim Lehrgespräch.

Und dies bedenkend wird der Weise
Stets ohne Überhebung sprechen.[15]

Hier werden Gefahren bei der Gesprächsführung ausgesprochen und Regeln einer besseren Art des Sprechens gegenübergestellt. Diese Gegenüberstellung möchte ich mit Ihnen bedenken, um daran die Zwiespältigkeit aller Denk- und Gesprächsregeln zu verdeutlichen – eine Zwiespältigkeit, die jederzeit aus einer Kunst eine peinigende Anwendung von Tricks werden lassen kann.
Nehmen wir an, dass ein Mensch eine bestimmte Ansicht zu einer Sache hat und obendrein, wie meistens, auch davon überzeugt ist, über gute Gründe für diese Ansicht zu verfügen. Nun trifft er auf jemanden, der eine andere Ansicht zur selben Sache vertritt und ebenfalls sicher ist, plausible Argumente dafür zu besitzen. Es ist anzunehmen, dass einer der beiden sich im Irrtum befindet, d. h. an eine *falsche* Ansicht glaubt und *nicht* die besseren Argumente besitzt. Es kann auch der Fall sein, dass beide Kontrahenten sich *zum Teil* irren, zum Teil aber auch Recht haben. Manche Fragen lassen eine solche ›Aufteilung‹ der Richtigkeit zu (z. B. ob logisches Denken im Alltag hilft – in manchen Fällen ja, in anderen nein, wie noch zu zeigen sein wird), während andere Fragen sie nicht zulassen (ob z. B., von Köln aus gesehen, der Weg über Stuttgart oder der über Freiburg der kürzere zum Bodensee ist). Man kann daher sagen, dass mindestens einer der beiden Kontrahenten sich mindestens zum Teil irrt. Derjenige, der sich irrt,

befindet sich aber subjektiv in keinem anderen Zustand als derjenige, der Recht hat. Sich zu irren, fühlt sich kein bisschen anders an, als Recht zu haben: »Ich weiß, was Sache ist, und ich weiß auch warum.« So denken *beide*. Und ebendeshalb kann keiner von beiden sicher sein, sich nicht zu irren, sondern Recht zu haben. Welcher von beiden nun wer ist oder welcher Teil von beider Ansichten zutrifft, das soll und muss ja erst durch das Gespräch herausgefunden werden. Beide Gesprächspartner müssen ihre Ansichten nebst ihren Argumenten einer Bewährungsprobe unterziehen. Falls ich Recht habe und die besseren Argumente dazu, dann *sollte* es mir gelingen, dies im Gespräch zu bewähren. Falls ich aber derjenige bin, der Unrecht hat und über die schlechteren Argumente verfügt, dann wird sich dies im Gespräch hoffentlich herausstellen, und ich habe die Chance, eine bessere, bewährtere Ansicht zu übernehmen.

Damit diese Möglichkeit für beide (alle) Gesprächsteilnehmer genutzt werden kann, müssen freilich bestimmte Voraussetzungen erfüllt und bestimmte Gefahren vermieden werden. Und davon spricht der zitierte buddhistische Text: Ein schlechter Gesprächspartner ist geleitet von Zorn, ist aufgebläht (in die eigene Wichtigkeit verliebt), unnachgiebig, sucht den Sieg durch ›unvornehme‹ (unfaire) Mittel, späht beim Gegner nach Fehlern und weidet sich daran, wenn er welche findet. Alles, was hier aufgezählt wird, ist nicht schlecht in dem Sinne, dass es jemandem, der es anwendet, bei einer Diskussion nicht den Beifall der Zuhörer und die Beschämung des Gegners verschaffen könnte. Man kann durchaus aggressiv diskutieren, dem anderen Fallen stellen (etwa eine naheliegende Ansicht suggerieren, die aber leicht in einen Widerspruch verwickelt werden kann), auftretende Schwächen des anderen triumphierend als Beweise für die eigene Überlegenheit ausgeben – man kann all dies tun und am Ende bei *allen* Beteiligten, sogar dem Gegner, das Gefühl erzeugen, im Recht zu sein.

Aber erinnern Sie sich: Sich zu irren, fühlt sich genau so an wie Recht zu haben. Und dass alle Beteiligten mich im

Recht sehen, beweist nicht hinreichend, dass ich auch im Recht bin. Sehen wir uns dafür zwei Beispiele an:

1. Gehen wir davon aus, dass die Erde (ungefähr) eine Kugel ist und dass Sie auch dieser Ansicht sind. Sie haben es halt so in der Schule gelernt. Dass diese Ansicht richtig ist, garantiert Ihnen nicht, dass Sie nicht bei irgendeiner Gelegenheit auf einen rhetorisch begabten ›Besserwisser‹ stoßen, der – z. B. auf einer Party – die Chance nutzen möchte, Sie zu blamieren. »Wie kann es sein, dass die Erde rund ist? Dann würden die Australier ja von ihr runterfallen!« Vielleicht wissen Sie zufällig kein Gegenargument dazu, und dann nutzt Ihnen das Rechthaben wenig – Sie sind blamiert. In diesem Falle weiß sicherlich auch Ihr Gegner, dass Sie im Recht sind; aber es geht ihm ja darum, Sie zu blamieren.
2. Eine zweite Situation kann man sich etwas kniffliger ausdenken. Sie werden davon gehört haben, dass die Menschen früher dachten, die Sonne drehe sich um die Erde (geozentrisches Weltbild), und heute, seit Kopernikus, wüssten wir es besser, nämlich dass die Erde sich um die Sonne dreht (heliozentrisches Weltbild). Ich weiß nun nicht, ob Sie im Stande sind, diese Ansicht zu begründen. Aber was halten Sie von folgender Überlegung: Wenn man annimmt, die Sonne drehe sich um die Erde, dann sieht man die Sache offenbar von der Erde aus; *denn da kann man ja die Bewegung der Sonne, ihr Auf- und Niedergehen, beobachten; wenn man hingegen annimmt, die Erde drehe sich um die Sonne, dann sieht man die Sache (nicht physisch, aber in Gedanken)* von oben aus dem Weltall. *Und in der Tat haben wir ja immer eine Vorstellung vom Sonnensystem im Kopf, das von oben aus gesehen ist. Wie aber, so fragt Sie eines Tages ein Mensch, wollen Sie wissen, dass die eine Perspektive ›besser‹, wissenschaftlicher, objektiver ist als die andere? Zumal doch*

die Relativitätstheorie Einsteins gezeigt hat, dass Bewegung immer nur in Relation auf einen bestimmten Bezugspunkt gemessen werden könne. Nehme ich also die Sonne als Bezugspunkt, dann bewegt sich die Erde – relativ zu diesem Bezugspunkt. Nehme ich aber die Erde als Bezugspunkt, dann bewegt sich ... die Sonne – relativ zu diesem *Bezugspunkt. Oder? Es könnte sein, dass Sie nun, ohne spezielle physikalische Kenntnisse, ziemlich alt aussehen und nichts mehr zu sagen wissen, obwohl Sie doch eine allgemein verbreitete und als richtig akzeptierte Ansicht geäußert haben. Ihr Gesprächsgegner könnte Ihre Verblüffung und Ratlosigkeit ausnutzen, um Sie lächerlich zu machen; und vermutlich hat er die Geschichte ja auch genau aus diesem Grunde inszeniert.*

Genauso wie dieser aggressive Disputant und Partyblender sollten Sie, wenn Sie der Empfehlung des buddhistischen Textes folgen, *nicht* vorgehen. Denn seine Absicht war ja nicht die, festzustellen, wer mit seiner Ansicht Recht hat, und dies in einem sachlichen Vergleich der Argumente zu prüfen (wobei die seinen durchaus *auch* ihre Berechtigung haben); sondern er hat *vorausgesetzt*, dass er selber der Überlegene ist, und nur das wollte er der Öffentlichkeit und dem Gegner vorführen. Sein Ziel war der Sieg, nicht die Wahrheit. Seine Methode war der Kampf, nicht die gemeinsame Bemühung.
Stellen wir dieser Haltung diejenige des ›Weisen‹ im Text gegenüber: Alles, was auf Überheblichkeit, Rivalität, Hass und Neid beruht, lässt er im Gespräch ungesagt (und wohl auch ungedacht); eine gute Ansicht, ein gelungenes Argument freuen ihn, *gleich, von wem sie kommen*. Bemerkt er beim Gesprächspartner einen Fehler, so verspottet er ihn nicht. Überhaupt wird er zuerst »die Zeit bedenken«, d. h. den rechten Zeitpunkt für ein Gespräch auswählen: also eine Zeit, in der Ruhe zum Nachdenken besteht, in der eine freundschaftliche Atmosphäre herrscht, in der wir

nicht schon durch eine Umgebung, die ›Blut sehen will‹, in eine Rivalität gedrängt werden.
Es ist nicht schwer zu sehen, dass die in den meisten Medien hergestellte Gesprächssituation, die auf Unterhaltungs- und Verkaufswert, auf Sensation und Spektakel angelegt ist, weil Nachrichten optimal *verkauft* werden müssen, zwar erfolgreich oder weniger erfolgreich gemeistert werden kann (und dass gewisse logische sowie rhetorische Mittel hierbei hilfreich sein können), dass sie aber der Feststellung von Wahrheit und Irrtum nicht günstig ist.
Die Vermittlung eigener Einsichten und plausibler Argumente an andere fördert es, sich um Klarheit zu bemühen (d. h. mögliche Missverständnisse bei Zuhörern auszuschließen) und überflüssige Längen und Wiederholungen zu vermeiden, also insgesamt sich so lang zu fassen wie nötig und so kurz wie möglich.
Umgekehrt wird das kritische Verständnis der Ansichten und Argumente anderer ermöglicht, indem man in vier Erkenntnisschritten vorgeht, deren Reihenfolge einzuhalten ist: 1. den anderen aussprechen, d. h. zur Entfaltung seiner Gedanken kommen lassen; 2. den anderen zu verstehen, so gut es geht und so bemüht, als ob es um die geliebten eigenen Ansichten ginge; 3. das Verstandene vorsichtig auf das eigene Vorwissen beziehen: wie fügt es sich zu dem, was ich bisher weiß? Entspricht es ihm? Widerspricht es ihm? Was genau muss ich also jetzt, im Lichte der neuen Informationen, überprüfen?; 4. jetzt erst: urteilen und bewerten. Wer den vierten Erkenntnisschritt, Urteil und Bewertung, bereits in den ersten Schritt, den Versuch, den anderen zu verstehen, einmischt, verringert seine Chancen erheblich, *Stärken* und Schwächen in der Position des anderen zu verstehen.
Diese Strategie der Darlegung eigener Gedanken und des Verstehens der Gedanken anderer setzt freilich voraus, dass man nicht einfach siegen und Recht *bekommen*, sondern prüfen will, *wem inwieweit* Sieg und Recht *gebührt*.
Wir müssen also grundsätzlich zwei Gesprächstypen unterscheiden:

• Einer von uns beiden hat Recht, der andere Unrecht; vielleicht wir beide auch zum Teil. Du kannst es sein oder ich. Lass uns gemeinsam herausfinden, wer Recht hat. Und lass es uns mit Argumenten herausfinden, die wir unvoreingenommen prüfen wollen. (Typ 1)
• Oder: Recht und Unrecht haben bedeuten mir wenig; Recht bekommen alles. Ich will den Sieg, ich will den Applaus, und ich will ihn, indem ich deine Schwächen gnadenlos ausnutze und vorführe. (Typ 2)

Dies sind zwei völlig verschiedene Einstellungen und Ziele. Sie erfordern auch zwei völlig verschiedene Vorgehensweisen. Diese beiden Vorgehensweisen stellt der buddhistische Text dar. Sie müssen sich für Ihr Ziel entscheiden und die Methode entsprechend wählen. Die Vorgehensweise dessen, der auf den Sieg aus ist, besteht darin, jeden eigenen Vorteil zu nutzen und jede Schwäche des Gegners als Waffe gegen ihn einzusetzen. Die Vorgehensweise dessen, der auf eine Erkenntnis, auf Wahrheit aus ist, ist die einer gemeinsamen Anstrengung, bei der es darauf ankommt, aus *beiden* Gesprächspartnern die bestmöglichen Gedanken herauszuholen; *wer von beiden* sie vorbringt, ist für Wahrheitsgehalt und Erkenntnisgewinn unerheblich.
Man kann vielleicht sagen, dass, wendet man die Unterscheidung zwischen Überreden und Überzeugen an (Kapitel 2), der Typ 2 eher zum Überreden neigen, Typ 1 eher auf Überzeugen aus sein wird. Aber das ist allenfalls tendenziell so, denn ein Sieg für mich kann ja auch darin bestehen, alle anderen von meiner Ansicht *überzeugt* zu haben. Sicher ist, dass jemand vom Typ 1, dem es auf Erkenntnisgewinn und Wahrheit ankommt, auf Mittel der Überredung verzichten sollte, weil diese ja gar nicht auf Wahrheit, sondern auf Durchsetzung gerichtet sind.
Sicher ist aber auch, dass all die logischen Mittel und Argumentationsstrategien, von denen bisher die Rede war, für *beide* Typen wirksam eingesetzt werden können. Eine ver-

deckte Voraussetzung herauszuarbeiten, *kann* dem Zweck der gemeinsamen Wahrheitsfindung, *kann* aber auch dem Ziel der Bloßstellung dienen. Gleiches gilt für die Beachtung des Problems der Verallgemeinerung, des Widerspruchs, des Umkehrschlusses, des Bedeutungswechsels, des fehlerhaften Schlusses vom Sein aufs Sollen. Alle diese Regeln sind Instrumente des Denkens, Argumentierens und Diskutierens, und wie jedes Instrument können auch diese für sehr verschiedene Zwecke eingesetzt werden.

Wenn wir hier über zwei Arten von Absichten beim Gespräch reden, dann wird damit auf eine Entscheidung hingewiesen, die jeder Gesprächspartner für sich treffen muss: Was will ich mit diesem Gespräch erreichen? Die Instrumente des Denkens werden dann – je nach Entscheidung – zu Kunstgriffen der Wahrheitsfindung oder zu Tricks im Kampf um Selbstbehauptung und Sieg.

Diese Feststellung klingt vielleicht moralischer (oder gar moralisierender), als sie gemeint ist. Das liegt wohl daran, dass ›Wahrheitsfindung‹ edel klingt und ›Kampf‹ unedel. Es liegt vermutlich ebenso daran, dass ich dieses Kapitel mit einem Zitat begonnen habe, in dem es genau so gemeint ist. Aber man muss das nicht so sehen. Menschen lassen sich ohnehin nicht vorschreiben, wie sie ein Instrument, eine Technik einzusetzen haben.

Auch ohne moralisieren zu wollen, gibt es aber doch Grund zu überlegen, worin der Wert und vielleicht auch die Gefahr des logischen Denkens im Alltag bestehen. Das soll heißen: Wenn jemand den Einsatz dieses Instrumentes beschlossen und auch für sich ein Ziel dabei gesetzt hat (es heiße nun Wahrheit oder Sieg), welche Möglichkeiten eröffnet er sich damit, und welchen Risiken setzt er sich aus? Wann sollte man es einsetzen, wann besser nicht?

Es steht hier nicht anders als bei einer Handgranate: Sie ist ein sehr wirkungsvolles Instrument und kann dem Recht oder der Macht dienen – man sollte ihre Vorzüge ebenso wie ihre Gefahren kennen, und man muss sie vor allem auf jeden Fall zum richtigen Zeitpunkt loslassen.

18.
Wert und Unwert des logischen Denkens

»Ein jegliches hat seine Zeit unter der Sonne«, sagt der Prediger im Alten Testament. Sein Grundsatz dürfte auch für das logische Denken gelten.
Von dem berühmten Philosophen Ludwig Wittgenstein (1889–1951) ist folgende Geschichte überliefert:

> *Schwer an Krebs erkrankt, verbrachte er seine letzte Lebenszeit im Haushalt seines Arztes. Bei Tisch versuchte dessen philosophisch ganz unbelastete Frau, die etwas steife Atmosphäre durch Smalltalk aufzulockern, und fragte, da sie von einer Amerikareise Wittgensteins wusste: »In Amerika waren Sie? Was für ein glücklicher Mensch Sie sind« – »Was meinen Sie mit ›Glück‹?«, erwiderte Wittgenstein … und ließ die Atmosphäre zu Eis erstarren.*[16]

Wittgenstein hat hier etwas philosophisch völlig Korrektes getan, nämlich nach der Definition eines zentralen, aber sehr vieldeutigen Begriffs zu fragen. Vom menschlichen Standpunkt aus war seine Bemerkung dennoch ein kompletter Missgriff: Wittgenstein hat völlig ignoriert, *warum* die Frau ihre Bemerkung gemacht hatte – dass es ihr nämlich nicht um eine philosophische Diskussion ging, sondern darum, in freundlicher, ungezwungener Atmosphäre beieinander zu sitzen. Und dazu gehört eben auch ein lockeres Plaudern ohne jeden ernsten Anspruch, ohne Anstrengung und ohne Verhör. Es liegt anscheinend auch eine Kunst darin, zu verstehen, ein Gespräch *nicht* zu führen. Jemand, der all die hier besprochenen Regeln und Strategien erworben und geübt hat, müsste dann auch noch lernen, wann er sie einzusetzen hat … und wann eben nicht.
Vergegenwärtigen wir uns hierfür wichtige Gesichtspunkte:

Die äußere Situation, in der sich die Gesprächspartner befinden

Dabei zu beachten	Gefahren und Verstöße
• Ist genügend Zeit (Muße) vorhanden? • Sind Ablenkungen von der Umgebung zu erwarten?	• Fünf Minuten stehen zur Verfügung vor einem wichtigen Termin, und jemand schneidet die sprichwörtliche Frage nach dem ›Sinn des Lebens‹ an. • Der in Aussicht genommene Gesprächspartner wird von anderen Leuten immer wieder mit Beschlag belegt.

Das in Aussicht genommene Thema

Dabei zu beachten	Gefahren und Verstöße
• Lohnt es die Mühe und den Streit? • Gibt es dazu wichtige Informationen, die man erst einholen sollte?	• ein Thema, das eigentlich keinen der Beteiligten ernsthaft interessiert; dann kann es ja nur um Rechthaberei gehen. • ein Thema wie ›Katholische Kirche und Scheidung‹ ohne jede Kenntnis des Kirchenrechts; • ein Thema wie ›Präimplantationsdiagnostik – ja oder nein?‹, und alle Anwesenden wissen kaum, worum es eigentlich geht

Der/die Gesprächspartner

Dabei zu beachten	**Gefahren und Verstöße**
• Woran ist ihm/ihnen gelegen? • Wie sind seine/ihre Fähigkeiten zur Gesprächsführung einzuschätzen? • Mit welchem Charakter in welcher sozialen Stellung habe ich es zu tun?	• Wenn jemand nur auf Streit und Sieg aus ist, hat es wenig Sinn, mit ihm ein sachliches Gespräch auf der Grundlage gemeinsamer Bemühung führen zu wollen. Dann müssen Sie kämpfen oder das Gespräch unterlassen! • Wenn jemand über keine Kenntnis der Spielregeln und keinerlei Erfahrung im Gespräch verfügt, sollte man es in der Regel bleiben lassen; allenfalls ihn sehr vorsichtig, ruhig und ohne Rechthaberei auf elementare Regeln und ihren Sinn hinweisen. • Menschen, die zu Jähzorn und Beleidigtsein neigen, sind ganz schwierige Gesprächspartner; ebenso steht es mit Leuten, die auf ihren sozialen Rang und vielleicht sogar auf ihre ›überlegenen Fachkenntnisse‹ pochen (Eitelkeit!).

Dabei zu beachten	Gefahren und Verstöße
• Sie ist genauso einzuschätzen wie die Person/en, mit der/denen man spricht – nur dass es hier vermutlich noch schwieriger ist, zu einer klaren, nüchternen Vorstellung zu gelangen.	• Bin ich auf Streit und Sieg aus? Oder möchte ich etwas gemeinsam mit dem oder den anderen herausfinden? Passt meine Intention zu derjenigen der Leute, mit denen ich es hier zu tun habe? Verfüge ich über die Kenntnisse und Fähigkeiten, um ernsthaft und sinnvoll mitreden zu können? • Stehe ich einem sachlichen Gespräch durch bestimmte Charaktereigenschaften im Weg?

Diese Tabelle mit den Hauptaspekten
- Äußerer Rahmen
- Thema
- Ziele und Fähigkeiten der anderen
- Eigene Ziele und Fähigkeiten

deckt die wichtigen Gesichtspunkte ab – und damit auch die kritischen Punkte, an denen man schwerwiegende Fehler begehen kann. Nicht zu erwarten ist, dass man mit einer solchen Checkliste allen Doppelbödigkeiten und Fallen bei einem Gespräch wird entgehen können. Dies schon deshalb nicht, weil manche wichtigen Faktoren oft vor dem anderen bewusst verschleiert werden sollen oder man sie unbewusst vor sich selbst verschleiert. Sich selbst etwa Jähzorn, Rechthaberei, Eitelkeit einzugestehen und daraus die entsprechenden Konsequenzen für die Beteiligung am

Gespräch zu ziehen (sagen wir: Zurückhaltung und Vorsicht), ist viel verlangt. Beim anderen hingegen wird man sie vielleicht vorschnell vermuten, weil man vor lauter Selbstverliebtheit nicht erkennt, dass man selber ein Hindernis für ein sachliches Gespräch darstellt. Dass jemand, der ein Gespräch über ein sachliches Thema sucht, möglicherweise sich bloß langweilt, einsam oder verliebt ist, dass es ihm um bloßes Aushorchen geht – d. h., dass er eigentlich ein ganz anderes *Ziel* und Thema hat, als er suggeriert, ist oft extrem schwer festzustellen, aber für den Gesprächsverlauf grundlegend. Wann immer – und das gilt nicht nur für Diskussionen! – jemand andere Absichten hat, als er zu haben vorgibt, wird es schwierig. Ein (von außen gesehen) lustiges Beispiel dafür ist der Verliebte, der mit seiner intellektuellen Angebeteten eigentlich nur ins Bett möchte, aber keinen anderen Weg sieht, in ihrer Gunst zu steigen, als mit ihr über, sagen wir: Frauenemanzipation zu diskutieren.
Oder betrachten wir einmal folgenden ›Diskussionsbeitrag‹, den der US-amerikanische Schriftsteller Ambrose Bierce (1842–1914) in seinem »Wörterbuch des Teufels« vorgestellt hat. Dieses Buch enthält zwar Definitionen, wie sie von einem Wörterbuch erwartet werden, aber sie sind hier von eigentümlicher Art – z. B.:

> *Köder,* subst. masc.
> *Was einen Haken genießbarer macht. Der beste Köder ist Schönheit.*[17]

Dieser kleine Text suggeriert uns, eine Definition von ›Köder‹ zu beinhalten, verbunden mit einem vorzüglichen Beispiel für einen Köder. Ich bin aber ernsthaft der Meinung, dass dieser Eindruck täuscht. Es ist schwer zu sagen, woran dieser Verdacht sich festmacht. Gewöhnlich haben Bierces Definitionen etwas mit seiner Weltanschauung zu tun, und dafür ist ›Köder‹ ein triviales, auffallend unwichtiges Beispiel. Auch fällt der Hinweis auf ›Schönheit‹ auf –

dabei handelt es sich um etwas weit weniger Triviales und Unwichtiges. Versuchen wir zumindest einmal, den Text anders zu verstehen denn als bloße Definition von ›Köder‹. Natürlich bildet diese Definition den Aufhänger; und zwar wird ›Köder‹ hier *funktional* definiert, also durch seine Funktion für etwas anderes: den Haken.
Das Verhältnis schaut also so aus:

Köder → Haken.

Anschließend gibt der Autor, wie es sich gehört, ein besonders geeignetes Beispiel für einen Köder: die Schönheit. Da er aber den Köder funktional definiert hat, sind wir nun gezwungen – *logisch gezwungen!* –, auch Schönheit *funktional* zu verstehen, mithin zu denken:

Schönheit → X?

Anders ausgedrückt: *Wenn* ein Köder die Funktion hat, einen Haken zu tarnen bzw. ›genießbarer zu machen‹, und *wenn* der wirkungsvollste Köder Schönheit ist, dann muss Schönheit einen Haken tarnen bzw. genießbarer machen.

(1) Jeder Köder dient einem Haken.
(2) Schönheit ist ein (vorzüglicher) Köder.
(3) Also dient Schönheit einem Haken.

Dieser Haken wird aber von Bierce tückischerweise nirgends benannt. Nur zwingt uns die logische Struktur seiner Definition, nach ihm zu fragen. Der Autor lenkt also unser Denken auf eine These, die er überhaupt nicht ausspricht, die wir uns mithin denken müssen. Und ich bin, nachdem ich mir diese Gedanken gemacht habe, *vollkommen* sicher, dass Bierce das genau so geplant hat. Er wollte uns etwas mitteilen, was er – warum auch immer – nicht aussprechen wollte. Ein solcher Text hat Pfiff, und man meint bei der Lektüre, das Grinsen des Autors im Rücken zu spüren.
Ein etwas weniger lustiger Fall von verdeckten Absichten sind Sektierer, die an der Haustür klingeln und so tun, als ob ihnen an der Erkenntnis der Wahrheit gelegen sei – wo

sie doch in Wirklichkeit die Wahrheit längst in der Tasche zu haben wähnen und von mir nur möchten, dass ich sie ihnen ›abkaufe‹. Ein Gespräch aber mit jemandem, in dessen Augen alle wichtigen Antworten längst feststehen, ist etwas für Hartgesottene, für die Genießer des Extremen – sozusagen der Hochgebirgssport der Gesprächsführung (in Kapitel 7 gibt es ja Tipps dafür); für normale Menschen ist es eher nervend und fruchtlos. Nach vielen Jahren eines Lebens mit zahllosen Gesprächen glaube ich sagen zu können, dass es für ein lehrreiches Gespräch keine bessere und wichtigere Voraussetzung gibt als die beiderseitige Überzeugung, sich irren zu können und daher interessiert zu sein an dem, was der andere sagt; und kaum etwas Tödlicheres als die Einbildung (darum handelt es sich ja vermutlich), *alles Wichtige* bereits zu wissen.

Sie merken sicherlich, dass ich persönlich diesen Gesprächstyp bevorzuge. Ich erneuere aber meine Auffassung, dass zum Moralisieren wenig Anlass besteht und dass ein richtiger Dialog-Kampf, in dem es um Sieg oder Niederlage zu tun ist, bei gleichwertigen Gegnern durchaus spannend zum Zuschauen ist und lustvoll zum Teilnehmen ... vor allem, wenn man siegt.

Vermutlich *noch* wichtiger als die bewusste Entscheidung für einen von zwei logisch-argumentierenden Gesprächstypen, den kooperativen oder den aggressiven, ist die Entwicklung eines feinen Taktgefühls, wann *weder der eine noch der andere* Typ des Einsatzes von Mitteln der Logik und des Argumentierens angebracht ist. Wann man, mit anderen Worten, den Mund zu halten, zuzuhören, in den Arm zu nehmen, *zu lieben* hat. Wann es, mit wiederum anderen Worten, gar nicht mehr um Wahrheit und Rechthaben geht.

Ich muss hier endlich ein Geständnis ablegen. Das von mir gewählte Motto zu Beginn des Buches, das Zitat aus Oscar Wildes »Die Nachtigall und die Rose«[18], ist *keine* Verteidigung, kein Lob des logischen Denkens. Der Student, der dort diesen Satz spricht, soll von Wilde als eine Art intellektueller Dummkopf dargestellt werden, als empfindungsloser Tropf, der sich an Bücher, Bildung und Logik hält, weil er nichts anderes kann und nichts anderes versteht. Insbesondere versteht er nichts von Schönheit und Liebe, die ihm als unterhaltsames Spiel ohne tiefere Bedeutung, ohne jeden Ernst gelten.

Liebe und Schönheit sind aber in Wahrheit, so meint der Autor, Fragen, die ernster nicht sein könnten. Und da der Autor den Studenten in dieser Hinsicht versagen und statt dessen auf Logik und Denken ausweichen lässt, denkt er offenbar, dass diese uns bei der Beantwortung jener ernsten Fragen keine Hilfe, sondern höchstens Flucht- und Verdrängungsmittel sind.

Es wäre arg, wenn Wilde damit Recht hätte! Das würde den Wert unseres ganzen Unternehmens beinahe zunichte machen. Können die Regeln des Denkens uns nicht doch (auch) bei Liebe und Schönheit helfen? Oder behält nicht wenigstens der Prediger Recht, der einem Jeglichen (also der Liebe und Schönheit einerseits, dem Denken und Diskutieren und Argumentieren andererseits) seine Zeit und mithin auch seinen Wert zubilligt?

Damit sollten wir uns noch befassen.

Wir haben drei Standpunkte zur Auswahl, um den Wert und Unwert des Denkens und Argumentierens einzuschätzen:

1. In den wesentlichen Bereichen des menschlichen Lebens besitzen sie keinen oder doch nur einen sehr geringen Wert. Als solche wesentlichen Bereiche könnte man sich, Wilde aufnehmend und weiterdenkend, vorstellen: Schönheit (Kunst, Ästhetik), Liebe und Güte (Moral, Ethik).

2. Sie vermögen uns auch in diesen Bereichen zu helfen, bessere Entscheidungen zu treffen – denn um Entscheidungen wird es ja auch hier gehen. Begeistere ich mich für X oder nicht? Liebe ich X oder nicht? Helfe ich X oder nicht?

3. Wir haben es mit zwei Arten von Bereichen, mit zwei unterschiedlichen Aspekten menschlichen Lebens zu tun:

Schönheit – Liebe – Güte auf der einen Seite, Wissenschaft – Technik – Beruf – Karriere auf der anderen Seite; und wenn auch Logik und Argumentation *nur* im zweiten Falle eine wichtige Funktion haben, so besitzen doch beide Lebensaspekte in etwa die gleiche Wichtigkeit und haben ihren Wert und ›ihre Zeit unter der Sonne‹.

Unter diesen drei Möglichkeiten gilt es auszuwählen. Dabei fällt mir bei mir selbst (überprüfen Sie es bei sich!) ein erster Impuls auf: Ich sehe die drei Möglichkeiten, beginne, ihre jeweilige Berechtigung zu überprüfen, ... und suche instinktiv nach *Argumenten* für 1, 2 oder 3! Um also die Frage nach dem Wert der Liebe im Vergleich zum Wert des Denkens zu entscheiden, bediene ich mich nicht der Liebe (was sollte das auch heißen?), sondern des Denkens! Ich gehe folglich *automatisch* vom Wert des logischen Denkens und Argumentierens bei der Frage nach dem Wert des logischen Denkens im Vergleich zu seiner Alternative aus.

Handelt es sich dabei nur um den Reflex eines durch jahrelanges Denken verbildeten und intellektualistisch verkrüppelten Berufsphilosophen? Oder liegt darin irgendein Vorteil, aus dem *deswegen* erst ein Instinkt geworden ist? Liegt vielleicht sogar eine alternativlose *Notwendigkeit* darin?

Und erneut, indem ich diese Frage aufwerfe, suche ich nach Argumenten für die eine oder die andere Möglichkeit, d. h., ich denke schon wieder rational. Ist vielleicht schon die Frage nach dem Wert (oder Unwert) von etwas ein Unternehmen, dem es auf Logik und Argumente, also auf methodisches Denken ankommt? Steht es vielleicht so, dass wir zwar lieben, Schönheit schaffen oder bewundern und gute Menschen sein können, dass wir aber, sobald wir eine Frage aufwerfen, denken müssen?

Wenn dieser Verdacht zutrifft, dann können wir zwar einen Menschen lieben; aber sobald wir fragen, ob er auch liebenswert ist oder ob es nicht vielleicht verderblich und selbstzerstörerisch ist, ihn zu lieben, fragen wir nach Argumenten für das eine oder das andere. Entsprechend können wir einem Menschen, der uns um etwas bittet, helfen; aber wenn wir uns die Frage stellen, ob es gut ist, diesem Menschen zu helfen, ob er nicht bloß unsere Gutmütigkeit ausnutzt, ob *diese* spezielle Hilfe ihm nicht vielmehr schadet, ob wir also, kurz gesagt, ihm die erbetene Hilfe nicht besser verweigern sollten – dann müssen wir nachdenken. Lieben und gut sein sind dann, so die Vermutung, zwar Arten zu leben, aber sie beantworten keine Fragen.

Aber *warnen* uns nicht die Prediger des Glaubens, der Hoffnung und der Liebe davor, Fragen zu stellen? Warum? Doch ist das nicht schon wieder eine Frage? Und stehen wir damit nicht erneut vor dem Phänomen, dass Fragen nach Antworten suchen *auf dem Weg über Denken und Argumente*?

Wir stecken anscheinend in einer Falle – und mit ›wir‹ meine ich jetzt nicht nur die Anhänger des Nachdenkens, sondern ebenso seine Kritiker: Die einen sind außerstande, das zu tun, was man ihnen empfiehlt (zu lieben *statt* nachzudenken), und die anderen können nicht klar machen, *warum* man das tun sollte, ohne das zu tun, was man nach ihrer Ansicht gerade nicht tun sollte. Bei diesem Patt *können* es die Gegner belassen (falls sie das möchten): Wir haben dann auf der einen Seite Leute, die Fragen stellen und diese Fragen mit Logik und Argumenten zu beantworten versuchen, und auf der anderen Seite Leute, die keine Fragen stellen, sondern glauben, hoffen und lieben möchten, die schon das Infragestellen für falsch und gefährlich halten, die *das* aber nicht begründen können, sondern einfach behaupten.

Es hat den Anschein, dass wir uns angesichts dieser Kontroverse für die eine oder die andere Seite entscheiden müssen – vielleicht grundsätzlich, vielleicht aber auch von Fall zu Fall. Wenn wir und sobald wir aber die *Frage* nach dem Wert oder Unwert der oben genannten Haltungen 1, 2 und 3 stellen, haben wir uns für eine Seite entschieden:

A: Ist X oder Y der Fall?
B: X ist der Fall. Glaube mir nur!
A: Bist du sicher?
B: Ja, glaube mir nur!

B kann nun in alle Ewigkeit nur das Gleiche wiederholen, d. h. die Frage für erledigt erklären. Wer dies nicht akzeptiert, der fragt nach logischen Argumenten, der will nachdenken. Mit anderen Worten: die Einnahme von Position 1 zwingt uns zu einer extremen Einstellung gegenüber allen wichtigen Lebensproblemen: Wir müssen glauben, ohne zu fragen. »Dies ist ein großes Kunstwerk!«, »Das ist wahre Liebe!«, »Dies ist ein wahrhaft gutes Verhalten!«, »Gott hat uns seinen Sohn geschenkt!« – und stelle es ja nicht in Frage!

Wie kann ein Mensch ernsthaft einen solchen Standpunkt einnehmen? Nun, das ist ganz einfach und gut verständlich (wenn auch nicht risikolos und nicht ohne Zweifel richtig); denn der Glaube bietet klare, feste, eindeutige Standpunkte zu allen Problemen oder doch zu allen wichtigen Problemen. Er bietet alle Vorteile des geschlossenen Weltbildes, wie sie in Kapitel 7 analysiert worden sind. Das Infragestellen zerstört die zweifelsfreie Sicherheit, in der ein Glaubender lebt, und nimmt ihm so die Grundlage seines bisherigen Lebens – ohne ihm gleich eine andere, gar bessere Sicherheit zu geben. Der Fragende weiß schließlich noch nicht, ob er eine verbindliche Antwort finden und wie sie lauten wird.

Wie steht es demgegenüber mit der Position 3, welche zwei – gleichwichtige – Bereiche des Lebens unterscheidet, in deren einem aber logisch-rationales Denken ohne Wert sei? Man kann das so auffassen, dass eine argumentierende Diskussion nur dann und nur dort sinnvoll sei, wo 1. eine Meinungsverschiedenheit vorliegt, die 2. diesem Verfahren zugänglich ist. Sind hingegen alle Beteiligten sich einig oder besteht eine Meinungsverschiedenheit, bei der mit logischen Mitteln ohnehin nichts zu entscheiden ist, dann

sollte man auf die Anwendung dieser Mittel auch verzichten.
Dass ein Streit, der gar nicht besteht, nicht mit welchen Mitteln auch immer angegangen zu werden braucht, leuchtet ein. Die Logik setzt ihre Hebel erst dann an, wenn eine Frage, ein Zweifel, zwei Möglichkeiten, eine Verschiedenheit von in Frage kommenden Ansichten bestehen. Allerdings sehe ich keinen Bereich, in dem das prinzipiell nicht der Fall sein kann.

I.
A: Liebst du mich?
B: Ja.
A: Glaube ich nicht.

II.
A: Hat ein Gott diese Welt geschaffen?
B: Ja.
A: Ich denke, nein.

III.
A: Hältst du die Werke von Andy Warhol für Kunst?
B: Ja, gewiss.
A: Ich halte sie für trivialen Schund.

Falls Sie im Stande sind, auch nur *ein* Thema nennen zu können, über das Menschen nicht streiten, sondern alle einer Meinung sind, über das man vielleicht gar nicht streiten *kann* – falls Sie auch nur eines nennen können, haben Sie mich wahrlich überrascht. Ich kenne keines ... und gehe deshalb bis auf weiteres davon aus, dass es das nicht gibt.
Eine ganz andere Frage ist es freilich, ob es Themen gibt, über die eine Meinungsverschiedenheit zwar besteht, eine Diskussion mit Argumenten etc. aber *nicht sinnvoll* ist – z. B. weil prinzipiell nicht Erfolg versprechend. Falls es sich so verhält: woran könnte das liegen? Schauen wir uns die Beispiele I–III daraufhin an:

Zu I könnte man sagen, dass jemand, der an der Liebe eines Menschen zweifelt, der ihm nicht vertraut, auch durch kein Argument davon zu überzeugen wäre → Argumentieren ist sinnlos.
Zu II kann man sagen, dass wir keinerlei Möglichkeit besitzen, das nachzuprüfen → Argumentieren ist sinnlos.
Zu III wird man vermutlich sagen, dass es sich hier um eine rein subjektive Geschmacksfrage handelt, die jeder nur für sich entscheiden kann → Argumentieren ist sinnlos.
Wir haben hier drei typische Fälle vor uns, in denen der Standpunkt ›Diskutieren und Argumentieren sind sinnlos‹ sehr nahe liegend und populär ist, weswegen wir vorhin auch vermutet haben, dass mit Liebe, Glaube und Schönheit diejenigen Bereiche, in denen Logik keinen Zutritt hat, ganz zutreffend bezeichnet sind. Etwas weniger nahe liegend, aber auch in Frage kommend ist der Bereich der Moral:

IV.
A: Einen wehrlosen Menschen zu treten, finde ich nicht gut.
B: Er hat es verdient. Oder, noch härter:
B': Mir macht das Spaß, da kann ich mich abreagieren.

Sind auch Fragen von Gut und Böse subjektive Geschmacksfragen? Die Folgen einer solchen Annahme wären weitreichend, denn während man einem anderen seinen Andy Warhol, den man selbst nicht mag, gönnen kann und es einen Ungläubigen auch nicht stören muss, wenn jemand still für sich an Gott glaubt, können ›moralische Geschmacksfragen‹ zu Tritten in den Unterleib oder – schlimmer noch – Millionen Toten führen.
Beschränken wir uns daher auf die eindeutigeren Kandidaten für einen logik- und argumentationsfreien Bereich: Gefühle – religiöser Glaube – Schönheit.

Was aber doch auch der Anhänger von Standpunkt 3 wohl zugeben muss, ist, dass keiner dieser Bereiche frei von Betrug, Scharlatanerie und Beutelschneiderei ist. Es kann ja ein Liebesgeständnis durchaus gelogen und die Absicht eine ganz andere sein. Die Berichte von religiösen Offenbarungserlebnissen sind so vielfältig, passen auch oft so schlecht zueinander und sind mit so weitreichenden Forderungen verknüpft (denken Sie hier nur an Sekten!), dass Vorsicht und Misstrauen durchaus angebracht sind. Und wo schließlich ein (angebliches oder wirkliches) Kunstwerk präsentiert wird, da ist die Forderung, es möge um teures Geld gekauft werden, gewöhnlich nicht weit.

Und nun stelle ich die These auf, dass die Abweisung von kritischem, logischem, argumentierendem Denken für einen bestimmten Lebensbereich nur dann berechtigt ist, besser: berechtigt *wäre*, wenn es in diesem Bereich keinen *Grund* zu Zweifel und vorsichtiger Prüfung gibt, besser: *gäbe*. D. h., wenn es hier Ansichten, Überzeugungen und Ähnliches gäbe, die frei von Missbrauch, Lüge und Eigennutz sind.

Ich nehme nicht an, dass irgendjemand behaupten möchte, dies träfe auf Gefühle, Glauben und Kunst zu. Dass es ganze Lebensbereiche gäbe, in denen das prüfend-argumentierende Verfahren in Abwägung verschiedener Möglichkeiten prinzipiell keinen Wert hätte, bestreite ich daher. Und damit halte ich den Standpunkt 3 für nicht empfehlenswert, für gefährlich und geeignet nur für Menschen, die sich zu einem hohen Maß an Gutgläubigkeit (inklusive aller damit verbundenen Risiken) entscheiden möchten. *Wie weit* man den Zweifel treibt und *in welchen Lebenslagen* man ihn praktizieren möchte, ist eine andere, keine grundsätzliche Frage.

Dass man einen (Möchtegern-)Künstler beleidigen kann, wenn man den ästhetischen Wert seines Werkes in Frage stellt, ist klar ... und nicht unter allen Umständen empfehlenswert. Aber dann, wenn ich oder die Steuerzahler sein

Werk kaufen sollen, sind solche Überlegungen durchaus am Platz.

Dass es für ein Liebesspiel sehr störende Folgen haben kann, wenn man sich dabei in Zweifeln und Diskussionen ergeht, ist einsichtig. Wenn es aber um Ehe- und Partnerschaftsverträge, Gütertrennung, Testamente geht, sind ein paar Überlegungen doch sehr sinnvoll. Gab es doch vor einigen Jahren den Fall, dass eine 25-jährige Frau, Nackttänzerin von Beruf, ihre Liebe zu einem 88-jährigen, Milliardär von Beruf, entdeckt und beteuert hat. An dem Rechtsstreit um diese Erbschaft hat mehr als ein Rechtsanwalt gut verdient. Wer möchte da behaupten, dass Gefühle einer kritischen Prüfung nicht zugänglich sind?

Mitten in einen Gottesdienst hineinzuplatzen und »Gott ist tot!« zu rufen, führt zu Unwillen, Rufen nach der Polizei und aller Wahrscheinlichkeit nach nicht zu einem ernsthaften Dialog der Beteiligten. Stehen aber die großen Bekehrer vor der Tür und möchten, dass man ihrer Gemeinschaft beitritt, dann sagt man entweder grob »Nein!« und schließt die Tür, oder man versucht es mit einer Diskussion.

Die Frage, anhand derer man entscheiden kann, ob und wann eine Diskussion mit allem logischen Drum & Dran sinnvoll ist, besteht wohl darin, ob jetzt, unter diesen Umständen, mit diesen Beteiligten ein Erkenntnisfortschritt für beide Seiten oder doch zumindest eine Seite wahrscheinlich oder doch zumindest möglich ist. Überall dort, wo aufgrund der Umstände, des Zeitpunktes oder des Charakters der Anwesenden statt dessen Ärger, Streit, pure Feindseligkeit zu erwarten sind, kann man von einem Unwert der logischen Auseinandersetzung ausgehen.

Dies ist aber rein auf die Situation bezogen und gilt nicht grundsätzlich für irgendein Thema aus irgendeinem Lebensbereich.

Habe ich damit Standpunkt 2 in Ihren Augen zureichend begründet?

Wenn sich dies so verhält, dann können wir davon ausgehen, dass die Fähigkeit zu logischem Argumentieren ihren Wert prinzipiell in jedem Lebensbereich besitzt, auch wenn ihr Einsatz nicht in jeder Lebenssituation sinnvoll ist. Wo auch immer Meinungsverschiedenheit und Streit herrschen, können wir, statt Zwang oder Überredung einzusetzen, gewaltfrei und rational unsere Argumente vortragen, sind aber nicht von der Überlegung befreit, ob nicht in der vorliegenden Situation das Zeigen von Zuneigung herzlicher oder Schweigen taktvoller wären. Das bedeutet, dass der Wert des logischen Argumentierens nicht gering ist, ohne dass wir ihn als soziales Allheilmittel veranschlagen müssten. In diesem Sinne sollte sich die Auseinandersetzung mit den Themen dieses Buches für Sie gelohnt haben und weiterhin lohnen.

19.
Übungsaufgaben

Zu Kapitel 1:

Eine wirksame Arznei heilt einen Patienten. Da dieser Patient nach Einnahme der Arznei gesund geworden ist, muss die Arznei wirksam sein.

Ordnen Sie diese Argumentation nach Voraussetzungen und Schlussfolgerung. Untersuchen Sie dann, ob hier die Voraussetzungen inhaltlich richtig sind und ob die Schlussfolgerung formal korrekt ist. Unterscheiden Sie dabei die Fälle 1 bis 4.
Falls Sie Schwierigkeiten damit haben, schauen Sie auch in den Kapiteln 10 und 11 nach.

Einige Fußballer sind Helden, denn alle Helden sind mutig und einige Fußballspieler sind ebenfalls mutig.

Auch hier sollen Sie angeben, welches die Voraussetzungen sind und was die Schlussfolgerung ist. Überprüfen Sie danach die inhaltliche und die formale Richtigkeit des Schlusses gemäß der Unterscheidung der vier möglichen Fälle.

Zu Kapitel 2:

Die folgende im Original sehr lange Rede, von der hier nur ein kurzer Auszug wiedergegeben wird, hat Adolf Hitler am 21. Mai 1935 vor dem Deutschen Reichstag gehalten:

Das Blut, das auf dem europäischen Kontinent seit 300 Jahren vergossen wurde, steht außer jedem Verhält-

nis zu dem volklichen Resultat der Ereignisse. Frankreich ist am Ende Frankreich geblieben, Deutschland Deutschland, Polen Polen, Italien Italien usw. Was dynastischer Egoismus, politische Leidenschaft und patriotische Verblendung an scheinbaren tiefgreifenden staatspolitischen Veränderungen unter Strömen von Blut erreicht haben, hat in nationaler Beziehung stets nur die Oberfläche der Völker geritzt, ihre grundsätzliche Markierung aber wesentlich kaum mehr verschoben. Hätten diese Staaten nur einen Bruchteil ihrer Opfer für klügere Zwecke eingesetzt, so wäre der Erfolg sicher größer und dauerhafter gewesen.

Wenn ich als Nationalsozialist in aller Freimut diese Auffassung vertrete, dann bewegt mich dabei noch folgende Erkenntnis:

Jeder Krieg verzehrt zunächst die Auslese der Besten. Da es in Europa aber einen leeren Raum nicht mehr gibt, wird jeder Sieg – ohne an der grundsätzlichen europäischen Not etwas zu ändern – höchstens eine ziffernmäßige Vermehrung der Einwohner eines Staates mit sich bringen können. Wenn aber den Völkern daran soviel liegt, dann können sie dies, statt mit Tränen auf eine einfachere und vor allem natürlichere Weise erreichen. Eine gesunde Sozialpolitik kann bei einer Steigerung der Geburtenfreudigkeit einer Nation in wenigen Jahren mehr Kinder des eigenen Volkes schenken[,] als durch einen Krieg an fremden Menschen erobert und damit unterworfen werden könnten.

Nein! Das nationalsozialistische Deutschland will den Frieden aus tiefinnersten weltanschaulichen Überzeugungen. Es will ihn weiter aus der einfachen primitiven Erkenntnis, dass kein Krieg geeignet sein würde, das Wesen unserer allgemeinen politischen Not zu beheben, wohl aber diese zu vermehren. Das heutige Deutschland lebt in einer gewaltigen Arbeit der Wie-

dergutmachung seiner inneren Schäden. Keines unserer Projekte sachlicher Natur wird vor zehn bis zwanzig Jahren vollendet sein. Keine der gestellten Aufgaben ideeller Art kann vor fünfzig Jahren oder vielleicht auch hundert Jahren ihre Erfüllung finden. Ich habe einst die nationalsozialistische Revolution durch die Schaffung der Bewegung begonnen und seitdem als Aktion geführt. Ich weiß, wir alle werden nur den allerersten Beginn dieser großen umwälzenden Entwicklung erleben. Was könnte ich anders wünschen als Ruhe und Frieden? Wenn man aber sagt, dass dies nur der Wunsch der Führung sei, so muss ich darauf folgende Antwort geben: Wenn nur die Führer und Regierenden den Frieden wollen, die Völker haben sich noch nie den Krieg gewünscht. Deutschland braucht den Frieden, und es will den Frieden.

Wenn ich nun aus dem Munde eines englischen Staatsmannes höre, dass solche Versicherungen nichts sind und nur in der Unterschrift unter kollektive Verträge die Gewähr der Aufrichtigkeit liegt, so bitte ich Minister Eden [den britischen Außenminister], dabei bedenken zu wollen, dass es sich in jedem Fall um eine ›Versicherung‹ handelt. Es ist manchmal viel leichter, einen Namen unter Verträge zu setzen mit dem inneren Vorbehalt einer letzten Nachprüfung seiner Haltung in der entscheidenden Stunde, als angesichts einer ganzen Nation in voller Öffentlichkeit sich zu einer Politik zu bekennen, die dem Frieden dient, weil sie die Voraussetzungen für den Krieg ablehnt.[19]

Untersuchen Sie, ob der Autor dieser Rede seine Zuhörer überreden oder überzeugen will. Belegen Sie Ihre Einschätzung anhand von Details des Textes.

Zu Kapitel 3:

Eine Frau ohne Mann ist wie ein Fisch ohne Fahrrad.

Was wird hiermit eigentlich behauptet, d. h. welche These steckt darin?

Der folgende Text ist das berühmte Gleichnis vom verlorenen Sohn aus dem Neuen Testament (Lukas 15,11–32):

Ein Mann hatte zwei Söhne. Eines Tages sagte der jüngere zum Vater: »Vater, gib mir meinen Erbteil.« Daraufhin teilte der Vater seinen Besitz unter die beiden Söhne auf. Kurze Zeit später machte der jüngere Sohn alles, was er bekommen hatte, zu Geld und zog fort in ein fernes Land. Dort vergeudete er sein Erbteil durch ein liederliches Leben.

Als er alles aufgebraucht hatte, brach gerade eine schwere Hungersnot in jenem Land aus, so dass er in großes Elend geriet. Er wandte sich um Hilfe an einen der Bürger des Landes, und der schickte ihn aufs Feld zum Schweinehüten. Dort sah er die Johannesbrotbaum-Schoten, die als Futter für die Schweine dienten, und er hatte einen Riesenhunger, aber niemand gab ihm welche. Da ging er in sich und sagte sich: »Manch ein Lohnarbeiter meines Vaters hat mehr Brot als genug, und ich muss hier Hungers sterben. Ich will mich zu meinem Vater aufmachen und ihm sagen: Vater, ich habe gesündigt vor Gott und vor dir. Ich habe es nicht verdient, weiter dein Sohn zu heißen. Stell mich als einen deiner Lohnarbeiter an.« Und er machte sich auf zu seinem Vater.

Dieser erblickte ihn schon von weitem, und sein Sohn tat ihm von Herzen Leid. Er rannte auf ihn zu, fiel ihm um den Hals und umarmte und küsste ihn. Der Sohn sagte: »Vater, ich habe gesündigt vor Gott und vor dir. Ich habe es nicht verdient, weiter dein Sohn

zu heißen.« Da forderte der Vater seine Bediensteten auf: »Holt schnell ein Festtagsgewand und zieht es ihm an, steckt ihm einen Ring an den Finger und gebt ihm Sandalen. Holt das Mastkalb und schlachtet es, wir wollen ein Festmahl halten. Denn er, mein Sohn, war tot und ist wieder lebendig, er war verloren und wurde wiedergefunden.« Und sie begannen, ein Freudenfest zu feiern.
Als aber der ältere Sohn vom Felde nach Hause kam und Musik und Tanz hörte, rief er einen der Bediensteten zu sich und fragte, was denn da los sei. Der antwortete: »Dein Bruder ist da. Dein Vater hat das Mastkalb schlachten lassen, weil dein Bruder heil wieder zurück ist.« Da wurde der ältere Sohn böse und weigerte sich, das Haus zu betreten. Als sein Vater herauskam, um ihn hereinzubitten, sagte er: »So viele Jahre schon schufte ich für dich. Jeden Auftrag habe ich erfüllt. Mir hast du niemals auch nur ein Böcklein gegönnt, wenn ich mit Freunden feiern wollte. Aber kaum taucht dieser da, dein Sohn, der sein Vermögen mit Huren durchgebracht hat, wieder auf, da schlachtest du für ihn das Mastkalb!«
Der Vater sagte: »Aber mein Sohn, du bist doch immer bei mir, und alles, was mir gehört, ist auch dein Besitz. Du solltest dich freuen und mitfeiern, denn er, dein Bruder, war tot und ist wieder lebendig, er war verloren und wurde wiedergefunden.«[20]

Strukturieren Sie diesen Text nach den Aspekten: (a) die These und (b) die Argumentation dafür sowie die (c) Gegenthese und die (d) dazugehörige Gegenargumentation. Der Fall ist knifflig, weil es sich um ein Gleichnis handelt und der Text zudem sehr sparsam ist mit Wörtern, an denen man die Struktur leicht erkennen kann. Aber Sie wissen ja, dass letzteres häufiger der Fall ist. Und es wäre ein schöner Erfolg, wenn Sie einen derart berühmten Text analysieren könnten.

(Nur für den Fall, dass Sie ernste Schwierigkeiten haben: Die These wird von Jesus, hier vertreten durch den Vater, aufgestellt, die Gegenthese von dem älteren Sohn.)

Zu Kapitel 4:

Identifizieren Sie an den folgenden Beispielen die Voraussetzungen, wobei Sie beachten sollten, dass eine Schlussfolgerung in aller Regel zwei Voraussetzungen benötigt:

(1) Was du da sagst, ist völliger Blödsinn, denn du widersprichst dir selber, und daran kann man Blödsinn einwandfrei erkennen.

(2) Da du selber ständig lügst, darfst du auch von mir keine Ehrlichkeit erwarten. Schließlich muss sich jeder auch selbst an die Regeln halten, wenn er das von anderen verlangt.

(3) Ein Mensch ohne Religion kann nicht glücklich leben. Ohne Religion hat unser Leben keinen Sinn, und ohne Sinn kann unser Leben nicht glücklich sein.

Zu Kapitel 5:

In den folgenden Beispielen wird jeweils eine wichtige, für die Argumentation entscheidende Voraussetzung nicht ausgesprochen. Wie lautet sie?

(1) Unser neuer Joghurt X hat wenig Kalorien und hält Sie schlank. Kaufen Sie X jetzt bei Ihrem Händler!

(2) Du solltest Französisch lernen, denn viele Firmen haben Geschäftsbeziehungen zu Frankreich.

(3) Sei hart im Leben, denn nur so kannst du dich durchsetzen!

(4) Gewöhne dich an den Gedanken, dass der Tod uns nichts angeht. Denn alles Gute und Schlimme beruht auf der Wahrnehmung. Der Tod aber ist der Verlust der Wahrnehmung. Darum macht die rechte Einsicht, dass der Tod uns nichts angeht, die Sterblichkeit des Lebens genussreich, indem sie uns nicht eine unbegrenzte Zeit dazugibt, sondern die Sehnsucht nach der Unsterblichkeit weg nimmt. Denn im Leben gibt es für den nichts Schreckliches, der in echter Weise begriffen hat, dass es im Nichtleben nichts Schreckliches gibt. [...]
Das schauerlichste Übel also, der Tod, geht uns nichts an; denn solange wir existieren, ist der Tod nicht da, und wenn der Tod da ist, existieren wir nicht mehr. Er geht also weder die Lebenden an noch die Toten; denn die einen berührt er nicht und die anderen existieren nicht mehr.[21]

Zu Kapitel 6:

Überprüfen Sie am folgenden Text, an welchen Stellen Verallgemeinerungen vorliegen:

Die Amerikaner sind uns technisch und wissenschaftlich haushoch überlegen. Sie machen die meisten Erfindungen und melden die meisten neuen Patente an. Auch im Handel sind sie uns voraus, denn ihre Produkte überschwemmen den Weltmarkt. Weltweit schauen sich die Menschen amerikanische Filme an und essen in amerikanischen Hamburger-Restaurants. Im Sport sind sie ebenfalls besser. Nur im Fußball haben wir Europäer noch die Nase vorn. Wir Deutschen müssen daher unbedingt mehr Geld in Bildung und

Forschung investieren und vor allem unsere Handelsinteressen nachdrücklicher durchsetzen. Aber solange die Linken in Deutschland an der Macht sind, ist daran nicht zu denken, denn von Wirtschaft und Wettbewerb verstehen die Sozis halt nichts. Ohne neue Regierung wird unser Land daher immer weiter hinter unseren Konkurrenten herhinken.
So denken jedenfalls die Spießbürger an ihren Stammtischen!

Zu Kapitel 7:

Zeigen Sie auf, wie der folgende Text sich gegen jede Kritik absichert:

Die islamische Regierung ist dem Gesetz des Islam unterworfen, das weder vom Volk noch von seinen Vertretern kommt, sondern direkt von Gott und seinem göttlichen Willen. Das Gesetz des Korans, das nichts anderes ist als das göttliche Gesetz, macht die Gesamtheit jeder islamischen Regierung aus und herrscht unfehlbar über alle Individuen, die ihr angehören. Der Prophet, die Kalifen und die Menschen aus dem Volk schulden diesen ewigen Gesetzen des Allmächtigen absoluten Gehorsam, Gesetzen, die den Sterblichen durch den Koran und den Propheten überliefert worden sind und die unveränderlich bleiben bis ans Ende der Zeiten. […]
Im Islam bedeutet Regieren einzig und allein, die Gesetze des Korans, das heißt, die göttlichen Gesetze wirksam werden zu lassen. Diesen Gesetzen müssen alle gehorchen, und alle müssen sie ausführen, ohne Ausnahme und ohne Widerspruch. Man gehorcht dem Propheten, weil Gott es so gewollt hat. Und man gehorcht auch den Führern der islamischen Regierung, weil Gott es so gewollt hat. Auf dem Gebiet des gött-

lichen Willens hat kein Mensch, nicht einmal der Prophet, das Recht, sich einzumischen. Es gibt kein anderes Recht, keine andere Pflicht als den Gehorsam. [...] Der Islam hat für alles, was den Menschen und die Gesellschaft betrifft, Lehren. Diese kommen vom Allmächtigen und sind den Menschen durch seinen Propheten und Boten überliefert. Man ist überrascht von der Größe dieser Gebote, die alle Aspekte des Lebens abdecken, von der Empfängnis bis zur Bestattung. Es gibt nichts, worüber der Islam nicht sein Urteil gefällt hat.[22]

Zu Kapitel 8:

Welche Art von Möglichkeit bzw. Unmöglichkeit ist jeweils in den folgenden Beispielsätzen gemeint?

1. *Ich kann dir unmöglich noch mehr Geld leihen, als ich es bisher schon getan habe. Jetzt habe ich nämlich selber kein Geld mehr.*

2. *Ich kann dir unmöglich noch mehr Geld leihen, als ich es bisher schon getan habe. Das wäre unverantwortlich angesichts deiner Verschwendung.*

3. *Dass ein Mensch, wie es von Jesus in der Bibel behauptet wird, auf dem Wasser gehen kann, ist einfach unmöglich. Das glaube ich niemals.*

4. *Es ist schon denkbar, dass die künstliche Intelligenz unsere Nachfolge als die intelligenteste Spezies auf der Erde antreten wird.*

5. *Wenn du willst, dass ich dich heute Abend besuche, dann kannst du nicht gleichzeitig von mir verlangen, dass ich hier im Büro bis morgen die Berechnungen*

fertig stelle. Ein Mensch kann schließlich nicht an zwei Orten gleichzeitig sein.

6. Ein Pazifist kann doch nicht für einen Krieg sein, selbst wenn es dabei um die Verteidigung der Menschenrechte geht!

Zu Kapitel 9:

Bei welchen der folgenden Beispiele handelt es sich um echte, unauflösbare Widersprüche?

1. Kann ein allmächtiges Wesen, Gott, einen Stein machen, der so schwer ist, dass es ihn nicht heben kann? Es kann ihn machen, denn es kann alles tun, da es allmächtig ist. Jedoch, es kann dies auch nicht, denn wenn es ihn machen könnte, dann gäbe es etwas, das es nicht tun kann – ihn heben.

2. So wie man seine Schwächen kennt, ist es vernünftig, anzunehmen, dass das eigene Buch Fehler enthält, und es ist nicht ungewöhnlich für Autoren, dies in ihren Vorworten zu sagen. Ein aufrichtiger Autor jedoch wird alles glauben, was im eigenen Text gesagt wird. Vernünftigkeit plus Bescheidenheit zwingen einen Autor also zu einem Widerspruch.

3. Zeile 1: Der Satz in Zeile 1 ist Unsinn.
Zeile 2: Der Satz in Zeile 1 ist Unsinn.

4. Mein Friseur sagte kürzlich zu mir: »Hier in meinem Laden wird nicht geklatscht. Wenn Sie Klatsch in diesem Dorf hören wollen, müssen Sie zum Metzger gehen.«

5. Ich halte nichts von Theorien, Weltanschauungen und Ideologien – die Praxis zählt!

6. Wenn jemand Musik macht wie die Beatles (z. B. »The Beatles Revival Band«), dann macht er keine Musik wie die Beatles.
Die Kopie kopiert das Original, sie ist nicht das Original, denn das Original ist keine Kopie.

Zu den Kapiteln 10 und 11:

Von den folgenden Beispielen sind einige fehlerhafte Umkehrschlüsse (kausale oder nicht kausale). Welche?

1. X, ein bekannter Spieler des FC Bayern, äußert vor dem vorletzten Spiel der Bundesliga-Saison in einem Interview: »Wenn wir das nächste Spiel gegen Bremen gewinnen, werden wir Deutscher Meister!« Der FC Bayern gewinnt dieses Spiel nicht, *woraufhin ein Rivale mit Blick auf das allerletzte Spiel und zwei Punkte Differenz zum ersten Tabellenplatz sagt: »Damit hat X ja zugegeben, dass sie nun nicht Deutscher Meister werden.«*

2. X, immer noch ein bekannter Spieler des FC Bayern, äußert vor dem vorletzten Spiel der Bundesliga-Saison in einem Interview: »Wenn wir das nächste Spiel gegen Bremen gewinnen, werden wir Deutscher Meister!« Der FC Bayern gewinnt dieses Spiel nicht, *und X sagt in einem neuerlichen Interview: »Na ja, vielleicht schaffen wir es tatsächlich nicht mit dem Titel.«*

3. Wenn in einem Land die Bevölkerung über Jahre hinweg in ihrem nationalen Ehrgefühl gedemütigt wird und dann noch eine Wirtschaftskrise hinzu-

kommt, dann ist die Folge, dass viele Menschen zu radikalen politischen Ansichten neigen. Im Deutschland des Jahres 1932 gab es viele Menschen, die radikale Parteien wie die KPD und die NSDAP unterstützten. Das muss daran liegen, dass man Deutschland durch die Niederlage im I. Weltkrieg, den Versailler Vertrag und die damit verbundenen Reparationsverpflichtungen gedemütigt hatte und dass dann auch noch die Weltwirtschaftskrise mit ihrer Massenarbeitslosigkeit dazu kam.

4. Wenn im Sommer reichlich Sonnenschein und Regen vorhanden sind, dann wird die Ernte gut. Wie du siehst, ist die Ernte gut. Das kann nun an Sonnenschein und Regen, das kann aber auch am Einsatz von Kunstdünger liegen.

5. Blütenpollen im Frühjahr können eine Allergie auslösen. Und jetzt, im Frühling, läuft meine Nase ununterbrochen. Ich habe bestimmt eine Pollenallergie.

6. Meine Noten in Deutsch werden immer schlechter. Bestimmt arbeite ich zu wenig.

Das letzte Beispiel unterscheidet sich von den anderen dadurch, dass eine Voraussetzung nicht genannt wird. Hier muss man also besonders aufpassen und erst die ungenannte Voraussetzung formulieren.

Zu Kapitel 12:

Bei einem antiken Autor findet sich die folgende Anekdote, bei der es um eine Definition geht:

Als [der griechische Philosoph] Platon die Definition aufstellte, der Mensch sei ein federloses zweifüßiges

Tier, und damit Beifall fand, rupfte Diogenes [von Sinope] einem Hahn die Federn aus und brachte ihn in dessen Schule mit den Worten: »Das ist Platons Mensch«; in Folge dessen wurde der Zusatz gemacht »mit platten Nägeln«.[23]

Diogenes bringt Platon also in Verlegenheit, indem er ihm ein Gegenbeispiel präsentiert, das eigentlich Platons Definition erfüllt, in Wahrheit aber eindeutig kein Mensch ist. Der Zusatz, den Platon daraufhin macht, klingt freilich ein wenig putzig – und soll wohl auch eher lustig sein. Versuchen Sie einmal, eine bessere Definition von ›Mensch‹ aufzustellen, und denken Sie dabei über mögliche Gegenbeispiele nach. Solche Gegenbeispiele können Wesen sein, die Ihre Definition erfüllen und dennoch keine Menschen sind (wie der gerupfte Hahn des Diogenes), aber auch Wesen, die Menschen sind, obwohl sie Ihre Definition nicht erfüllen.
Falls sich das Beispiel ›Mensch‹ als zu schwierig erweist, nehmen Sie statt dessen ›Stuhl‹. Das dürfte doch zu schaffen sein, oder?

Ein Plakat, das um Spenden wirbt, lautet:

Sie haben Angst vor dem Älterwerden ... ein Tb-Kranker in der Dritten Welt würde sich darüber freuen.

Wird hier der Begriff ›Älterwerden‹ äquivok gebraucht?

Zu Kapitel 13:

In dem Film »Besser geht's nicht« kommentiert Jack Nicholson die metaphorische Äußerung eines Menschen mit den Worten:

Leute, die in Metaphern sprechen, können mir den Schritt shampoonieren.

Weshalb lachen viele Zuschauer an dieser Stelle? Dafür könnte es mehrere Grunde geben …

Was halten Sie von folgender Redeeröffnung, mit der ein Festredner bemüht ist, seine Zuhörer trotz unruhiger Zeiten in eine ruhige Stimmung zu versetzen?:

»Ich verspreche Ihnen, dass in meiner Rede das Wort ›Krieg‹ nicht ein einziges Mal erwähnt werden wird.«

Wer macht in dem nachstehenden kleinen Dialog einen Fehler?

A: Die Ansichten vieler Menschen erscheinen mir sehr dumm!
B: Woher nimmst du das Recht, andere Menschen zu beurteilen?
A: Und was tust du soeben?

Zu den Kapiteln 14 und 15:

Der Übergang von der Beschreibung zur Bewertung, vom Sein zum Sollen erfolgt oft ganz unauffällig und scheint völlig unproblematisch. In welchen der folgenden Fälle können Sie ihn identifizieren?

1. Seine Rechnungen bei Lieferanten, mit denen man weiterhin Geschäfte machen möchte, sollte man stets bezahlen. Sonst wird man bald nicht mehr beliefert.

2. Auch wenn man Vögeln in einem kalten Winter helfen will, sollte man das nicht bei Elstern tun. Denn füttern sollte man nur Vögel, die sonst einen strengen

Winter nicht überleben, was bei Elstern nicht der Fall ist.

3. Hilf den Obdachlosen, denn auch du könntest eines Tages einer von ihnen sein!

4. Brich nicht die Ehe! Denn Gott verbietet es, und wer seinem Willen zuwider handelt, zieht sich seinen Zorn zu.

5. Die Natur sorgt dafür, dass gut an die Umstände angepasste Lebewesen sich besser vermehren und so ihre Eigenschaften vermehrt vererben. So entwickeln sich Lebewesen weiter. Daher ist es nicht günstig für eine Art, wenn wir Menschen Tieren, die sonst keine Überlebenschance haben, beim Überleben helfen.

Wenn Sie an Kapitel 4 denken, wissen Sie, dass zu einem Schluss zwei Voraussetzungen (Prämissen) und eine Schlussfolgerung gehören. Die Analyse der Beispiele wird leichter, wenn Sie diese drei Sätze, die ja nicht immer alle ausgesprochen werden müssen, formulieren und darauf achten, ob in einem Falle *beide* Prämissen beschreibend sind, während die Schlussfolgerung ein Sollen ausdrückt.

Zu Kapitel 16:

1. Hiermit ernenne ich Sie zum Leutnant der Reserve.

2. Hiermit erkläre ich Sie für unwürdig, unserem Verein weiterhin anzugehören.

3. Hiermit beleidige ich Sie.

4. Du verdammter Honk!

5. He, Charly, du alter Honk, kommst du mit heute Abend in die Disko?

(Ich verwende das Wort ›Honk‹, das Sie im Duden vergeblich suchen werden; aber zumindest allen Jugendlichen, die ich danach gefragt habe, nachdem ich es im Bus gehört hatte, war es bekannt. Seine exakte Bedeutung konnte mir freilich niemand erklären – es bedeutet etwas ziemlich Schlimmes, so ähnlich wie ›Spasti‹.)
Wenn man sich diese Äußerungen anschaut, fällt auf, dass 1 und 2 ganz in Ordnung sind, während 3 nicht funktioniert, jedenfalls nicht als Beleidigung. Woran mag das liegen? Weiterhin sind 4 und 5 in einer wichtigen Hinsicht (»du Honk«) gleich, und dennoch ist 4 eine Beleidigung, 5 jedoch nicht. Jedenfalls kann man so was wie 5 öfters bei Jugendlichen hören, ohne dass der Angesprochene beleidigt reagiert. Worin aber besteht der Unterschied?

Zu Kapitel 17:

Ein Buch über »Die Hohe Kunst der Gesprächszerstörung« müsste zumindest folgende Kapitel enthalten:

- dem Gesprächsgegner unanständige Absichten unterstellen,
- seine Meinung durch offensichtlich absurde Verallgemeinerung scheinbar charakterisieren,
- das Gleiche mit Hilfe offenkundiger Übertreibung tun,
- ihm ironisch zustimmen,
- in einer unangenehmen Gesprächslage – etwa bei schlechten eigenen Argumenten – abrupt das Thema wechseln,
- von Aussagen zur Sache zu Aussagen über Personen übergehen,
- persönliche Empfindlichkeiten des Gesprächsgegners kalt ausnutzen,
- Unverständnis des Anliegens des anderen mimen.

Das folgende Beispiel wendet einige dieser Gemeinheiten an. Erkennen Sie sie?

Er [Adam] erwachte zitternd und wie betäubt und hatte einige Augenblicke Mühe, in die schläfrige, normale Atmosphäre des Hotel-Aufenthaltsraums zurückzufinden. Neben ihm saß Elizabeth an einem Tisch und schrieb Briefe. Als seine aufgereizten Nerven sich ein wenig beruhigt hatten, ging er zu ihr hinüber.
»Ich hatte eben einen schrecklichen Traum«, sagte er zögernd.
»So, Liebes?« Sie gab sich kurz und gleichgültig. »Das tut mir Leid ... Aber erzähl um Himmels willen mir nichts davon. Es gibt nur wenig, was langweiliger wäre als die Träume eines anderen.«
Die Wirklichkeit hatte ihn wieder erreicht. Das war ein schlimmerer Alptraum als der eben geträumte.
»Elizabeth«, brach es aus ihm heraus, »was ist los mit uns?«
»Das weiß ich nicht, mein Lieber. Ich war mir nicht bewusst, dass mit mir irgendetwas los wäre ... Stört es dich, wenn ich den Brief fertig schreibe?«
»Ja, allerdings. Ich möchte ernsthaft mit dir reden.«
»Muss das in der Öffentlichkeit sein?« murmelte Elizabeth.
»Niemand hört zu ... Liebling, unsere Ehe ist irgendwie aus dem Gleis geraten.«
»Das hört sich wie der Anfang einer Szene in einem neuntklassigen Film aus England an«, sagte Elizabeth verärgert.
»Bitte, hör mir zu. Ich weiß, dass man bei solchen Anlässen Gemeinplätze von sich gibt, aber ich werde mir alle Mühe geben, nicht banal zu sein ... Ich möchte wissen, ob es irgendetwas gibt, das ich tun kann, damit wir wieder zurückfinden.«
»Zurückfinden?« sagte Elizabeth mit höflichem Unverständnis.

»Zu dem, was wir, beispielsweise, während unserer Flitterwochen empfunden haben.«
Elizabeth blickte zu ihm auf, und ihre Augen verrieten kein Mitgefühl.
»Ist das so wünschenswert? Wir werden unsere Ehe früher oder später auf eine vernünftige Grundlage stellen müssen. Man kann nicht erwarten, dass wir uns das ganze Leben lang abknutschen.«
»Es tut mir Leid«, sagte Adam bitter, »wenn meine armseligen Versuche, dich glücklich zu machen, als ›Abknutschen‹ zu bezeichnen sind.«
»Überlass dich nicht dem Selbstmitleid, mein Lieber. Das ist kein schöner Anblick.«
Adam beherrschte sich mit Mühe.
»Ich entschuldige mich«, sagte er. »Ich zweifle nicht daran, dass ich vieles mache, was dich ärgert. Aber ich wäre froh, wenn du das jeweils sagen würdest, dann kann ich das vielleicht ändern.«
»Mein Lieber«, sagte Elizabeth, und es war diese wiederholte, bedeutungslose Form der Anrede, die Adam mindestens ebensosehr aufbrachte wie alles andere – »mein Lieber, wenn du nicht den Verstand hast, deine eigenen Schwächen zu erkennen, wird auch eine Liste von mir nichts nützen. Man kann einen Blinden nicht sehend machen, wenn man eine Liste von Blumennamen verliest.«
»Du kommst nicht auf den Gedanken, dass du selbst nicht ganz vollkommen sein könntest?«
Elizabeths Zorn kam jetzt erst richtig an die Oberfläche.
»Offenkundig bin ich nicht vollkommen. Aber das ändert nichts daran, dass du verflucht unhöflich bist.«
»Ich habe mich nur bemüht, der Sache auf den Grund zu gehen – diesen Schwierigkeiten, die wir haben.«
»Das stellst du aber auf seltsame Weise an.« Elizabeth stand auf und raffte ihr Briefpapier zusammen. »Of-

fenkundig lässt du mich nicht zu Ende schreiben. Ich gehe hinauf. Würdest du mich, bitte, ungestört lassen?«
Sie verließ den Raum. Adam kehrte unglücklich zu seinem Sessel zurück.[24]

Zu Kapitel 18:

Überlegen und entscheiden Sie, in welchen der folgenden Situationen eine Auseinandersetzung mittels logischer Argumentation angebracht ist, in welchen aber eher nicht:

1. Ihre Partnerin (oder Ihr Partner) wünscht von Ihnen, dass Sie das Waschbecken nach jeder Benutzung auswischen; das sei ein Gebot der Hygiene.

2. Ihr Chef teilt Ihnen vertraulich mit, dass er einen Angestellten bei nächster Gelegenheit entlassen wolle und nur noch auf einen geeigneten Anlass warte. Sie gewinnen daraus den Eindruck, dass es ihm dabei nicht um einen echten Grund geht, sondern um einen bloßen Vorwand.

3. Ihre Partnerin (oder Ihr Partner) warnt Sie, mit anderen (Frauen oder Männern) zu liebäugeln, und spielt dabei sogar auf Ihre Beziehung zu einer konkreten Person an. Sie empfinden das als unbegründetes Misstrauen.

4. Ihr Lehrer verpasst Ihnen eine Note, die Sie als grotesk ungerechtfertigt ansehen. Sie wissen allerdings aus Erfahrung, dass dieser Lehrer bei kollektivem Druck öfters einen Rückzieher macht. Die Klasse schaut gespannt auf Ihre Reaktion und ist, da Sie einigermaßen beliebt sind, zum Kampf bereit.

5. Sie haben ein Buch gelesen – oder im Unterricht lesen müssen –, das Sie teils als anregend, teils als langweilig, teils als zutreffend, teils als falsch ansehen. Sie können es erleichtert weglegen. Sie können aber auch dem Autor Verbesserungsvorschläge schreiben. Der Verlag vermittelt sie gerne weiter.

Zum Abschluss möchte ich einige Bücher nennen, die das Thema Logik – Argumentation – Diskussion in verständlicher Weise und ebenfalls anwendungsbezogen darstellen. Sie sind daher empfehlenswert für Leser, die sich weiter mit dem Thema beschäftigen und vielleicht auch eine Alternative zu meiner Darstellung kennen lernen möchten. Die Bedingung allgemeiner Verständlichkeit, also die Entscheidung, sich nicht auf ein Universitätspublikum zu beschränken, schließt freilich viele Einführungen in die Logik etc. aus.

Jürgen August Alt: Miteinander diskutieren. Eine Einführung in die Praxis vernünftiger Argumentation. Frankfurt a. M. / New York 1994. – *Ein dem vorliegenden vergleichbares Buch und damit eine gute Ergänzung.*

J. E. Klausnitzer: Mit Logik zum Erfolg. München 1985. (Erw. und aktual. Neuausg. von »Logik-Training«.) – *Ein Buch aus einem etwas speziellen Marktbereich: für Leute, die ihre Fähigkeiten bei Intelligenztests verbessern wollen.*

[Verlag Das Beste:] Besser denken – besser leben. Geistige Fähigkeiten spielerisch entfalten. Stuttgart 1999. – *Hierbei handelt es sich um ein Trainingsprogramm ohne jeden Anspruch, das Denken in einem kritischen, sich selbst prüfenden Sinne anzuregen. Der Anspruch ist also relativ niedrig.*

Josef Kopperschmidt: Das Prinzip vernünftiger Rede. Sprache und Vernunft. Teil I. Stuttgart/Berlin/Köln/Mainz 1978.

– Argumentation. Sprache und Vernunft. Teil II. Stuttgart/Berlin/Köln/Mainz 1980. – *Diese beiden Bücher gehen im Niveau schon steil aufwärts und sind für Anfänger nur dann geeignet, wenn sie etwas leidensfähig sind.*

Oskar R. Meseck: LOGO. Logisch denken – leicht gemacht. Freiburg i. Br. / Basel / Wien 1985. – *Vgl. Hinweis zu Klausnitzer.*

Werner Rother: Die Kunst des Streitens. 3. Aufl. München [o. J.]. – *Ein sehr empfehlenswertes Buch, aber leider steinalt!*
Eike von Savigny: Grundkurs im logischen Schließen. Übungen zum Selbststudium. München 1976.
Eike von Savigny: Grundkurs im wissenschaftlichen Definieren. München [4]1976. – *Vgl. Hinweis zu den beiden Kopperschmidt-Titeln.*
Hubert Schleichert: Wie man mit Fundamentalisten diskutiert, ohne den Verstand zu verlieren. Anleitung zum subversiven Denken. München [2]2001. (beck'sche reihe.) – *Vom Thema und von der Tendenz her deckt sich dieses Buch mit einigen Kapiteln, insbesondere mit Kapitel 7 des vorliegenden Buches. Eine sehr gute Empfehlung fürs Weiterlesen allemal.*
Anne Thomson: Argumentieren – und wie man es gleich richtig macht. Stuttgart 2001. – *Ein neues, an sich sehr gutes Buch, dem man leider anmerkt, dass es sich um eine Übersetzung aus dem Amerikanischen handelt: u. a. bestehen fast sämtliche Angaben im Literaturverzeichnis aus englischsprachigen Büchern.*
Stephen Toulmin: Der Gebrauch von Argumenten. Kronberg i. Ts. 1975. – *Ein bekannter Philosoph, der aber sehr verständlich schreiben kann.*

Im Internet finden Sie unter www.zvab.com Angebote für vergriffene, antiquarische Bücher.

Anmerkungen und Quellennachweise

1 zitiert nach: Das Neue Testament und frühchristliche Schriften. Übers. und komm. von Klaus Berger und Christiane Nord. Frankfurt a. M. / Leipzig 1999. S. 85.
2 Am ehesten bildet der buddhistische Pali-Kanon eine Ausnahme.
3 zitiert nach: Deutsche Parlamentsdebatten. Band III: 1949–1970. Hrsg. und eingel. von Eberhard Jäckel. Frankfurt a. M. 1971. S. 299 f.
4 Dieses Beispiel hat der griechische Philosoph Platon in seinem Dialog »Menon« entwickelt.
5 Er geht auf den Philosophen Karl Popper und dessen einflussreiches Buch »Logik der Forschung« zurück.
6 Auch diese Begriffe hat Karl Popper geprägt, und zwar in seinem Werk »Die offene Gesellschaft und ihre Feinde«.
7 Natürlich ist das, was ich oben als Beispiel benutzt habe, nicht identisch mit der Einstellung *der* Psychoanalyse. Immerhin aber werden häufiger Zweifel an ihrer Wissenschaftlichkeit geäußert, und auch eine solche ›Immunisierungsstrategie gegen Kritik‹, wie ich sie hier vorgeführt habe, ist zumindest manchen ihrer Vertreter nicht fremd. Vgl. dazu: Meinrad Perrez: Ist die Psychoanalyse eine Wissenschaft? Bern/Stuttgart/Wien [2]1979; sowie: Dieter E. Zimmer: Tiefenschwindel. Die endlose und die beendbare Psychoanalyse. Reinbek 1990. Mir freilich kommt es nur auf eine Struktur an, wie man sie ›zugunsten‹ der Psychoanalyse – aber auch jeder anderen Weltanschauung – benutzen *könnte.*
8 Diese Aussage ist bezogen auf Alltagssituationen zu verstehen. Im Rahmen der philosophischen Diskussion gibt es durchaus Positionen, die behaupten, ›die Wahrheit‹ sei – immer oder doch in manchen Fällen – widersprüchlich. Dies gilt für die sogenannte dialektische und die parakonsistente Logik.
9 Dieses Beispiel geht auf ein Fragment des griechischen Philosophen Heraklit zurück: »In dieselben Flüsse steigen wir und steigen wir nicht; wir sind es und wir sind es nicht.«
10 in »Reime und Sprüche«.
11 Dies kann man natürlich in jeder Ausgabe des Grundgesetzes nachschlagen. Ich habe den Grundgesetz-Kommentar, herausgegeben von Ingo von Münch, Band 3, München 1978, S. 189, benutzt.

12 Sie stellt eine Leistung des schottischen Philosophen David Hume (1711–76) dar.

13 Es mag seltsam klingen, dass hier der Glaube von Leuten unter die Tatsachen gezählt wird. Sie müssen, um das zu verstehen, nur den Glauben als solchen von der Wahrheit des Geglaubten unterscheiden. Dass alle Kulturen in irgendeiner Weise glauben, dass Mord etwas Verwerfliches sei, mag eine Tatsache sein, die man zugeben kann, auch wenn die Frage, ob Mord verwerflich ist, keine Tatsachen-, sondern eine Bewertungsfrage ist. Der Sachverhalt, das Tatsächliche bezieht sich hier nur darauf, dass Menschen etwas glauben.

14 Der folgende Abschnitt bezieht sich auf die sog. Sprechakttheorie: John L. Austin: Zur Theorie der Sprechakte (How to do things with words). Stuttgart 1976.

15 Die Lehrreden des Buddha aus der Angereihten Sammlung. Neue Gesamtausgabe in fünf Bänden. Übersetzt von Nyanatiloka, überarbeitet und herausgegeben von Nyanaponika. Freiburg i. Br. ^{4}1984; Bd. 1, S. 175.

16 frei zitiert nach: Ray Monk: Wittgenstein. Das Handwerk des Genies. Stuttgart 1992. S. 609.

17 Ambrose Bierce: Aus dem Wörterbuch des Teufels. Auswahl, Übersetzung und Nachwort von Dieter E. Zimmer. Frankfurt a. M. 1980. S. 57.

18 Oscar Wilde: Märchen und Erzählungen. München 1976. S. 23–30.

19 Max Domarus (Hrsg.): Hitler – Reden und Proklamationen 1932–1945. Bd. 1,2. München 1965. S. 506 f.

20 Das Neue Testament und frühchristliche Schriften. Übers. und komm. von Klaus Berger und Christiane Nord. Frankfurt a. M. / Leipzig 1999. S. 480 f.

21 Epikur: Von der Überwindung der Furcht. Hrsg. von Olof Gigon. Zürich 1949. S. 45.

22 Ayatollah Khomeini: Meine Worte. Weisheiten – Warnungen – Weisungen. Ausgew. aus den drei Hauptschriften des Ayatollah durch Jean-Marie Xavière. München 1980. S. 18 f.

23 Diogenes Laertius: Leben und Meinungen berühmter Philosophen. Hrsg. von Klaus Reich. Hamburg ^{2}1967. S. 314.

24 Edmund Crispin: Schwanengesang. München 1983. S. 156 f.

Arbeitstexte für den Unterricht

Ästhetik. 180 S. UB 9592

Amerikanische Kurzgeschichten. 168 S. UB 15043

Anleitung zur Abfassung literaturwissenschaftlicher Arbeiten. 99 S. UB 9504

Antike Mythen in moderner Prosa. 83 S. UB 9593

Außenseiter-Geschichten. 96 S. UB 15032

Detektivgeschichten für Kinder. 96 S. UB 9556

Deutsche Autorinnen des 20. Jahrhunderts. 231 S. UB 15051

Deutsche Balladen. 144 S. UB 9571

Deutsche Kriminalgeschichten der Gegenwart. 192 S. UB 15019

Deutsche Kurzgeschichten.
- 4.-5. Schuljahr. 80 S. 5 Abb. UB 9529
- 5.-6. Schuljahr. 79 S. UB 9505
- 7.-8. Schuljahr. 80 S. UB 9506
- 9.-10. Schuljahr. 80 S. UB 9507
- 11.-13. Schuljahr. 87 S. UB 9508

Deutsche Kurzgeschichten II.
- 5.-6. Schuljahr. 93 S. UB 15007
- 7.-8. Schuljahr. 92 S. UB 15008
- 9.-10. Schuljahr. 77 S. UB 15011
- 11.-13. Schuljahr. 95 S. UB 15013

Deutsche Liebesgedichte. 94 S. UB 9590

Deutsche Literatur des Mittelalters. 208 S. UB 9568

Deutsche Sprachgeschichte. 190 S. UB 9582

Deutsche Sprichwörter und Redensarten. 199 S. 31 Abb. UB 9550

Einführung in die Verslehre. 192 S. UB 15037

Ethik. 167 S. UB 9565

Fabeln. 84 S. UB 9519

Formen der Erzählung vom Beginn der Moderne bis zur Gegenwart.
1: Nietzsche bis Kafka. 168 S. UB 15040
2: Broch bis Botho Strauß. 166 S. UB 15041

Formen der Lyrik. 216 S. UB 15046

Funktionen der Sprache. 126 S. UB 9516

Gedichte der Romantik. 77 S. UB 15023

Gedichte des Barock. 152 S. 19 Abb. UB 15027

Gedichte des Expressionismus. 86 S. UB 15024

Gedichte des Sturm und Drang und der Klassik. 174 S. 10 Abb. UB 15036

Generationen. Geschichten und Gedichte über Junge und Alte. 102 S. UB 15042

Geschichten vom Erwachsenwerden. 78 S. UB 9598

Geschichten zum Philosophieren. 152 S. UB 15033

Glück. 115 S. 1 Abb. UB 9575

Glück und Moral. 184 S. UB 9600

Grimms Märchen – modern. Prosa, Gedichte, Karikaturen. 154 S. 25 Abb. UB 9554

Herrschaft durch Sprache. Politische Reden. 150 S. UB 9501

Holocaust-Literatur. Auschwitz. 232 S. UB 15047

Die Juden. Vorurteil und Verfolgung im Spiegel literarischer Texte. 155 S. UB 9596

Jugendlyrik. 176 S. UB 15049

Kleine Schule des philosophischen Fragens. 108 S. UB 15028

Kreative Spiele. 172 S. UB 15044

Krieg. Philosophische Texte von der Antike bis zur Gegenwart. 200 S. UB 15055

Kriminalgeschichten. 88 S. UB 9517

Kriminalgeschichten II. 160 S. UB 15039

Kürzestgeschichten. 79 S. UB 9569

Lust am Denken. Texte zum Philosophieren. 152 S. UB 15054

Märchen. 160 S. 9 Abb. UB 15017

Märchenanalysen. 180 S. UB 9532

Metaphorischer Sprachgebrauch. 111 S. UB 9570

Methoden der Interpretation. 207 S. UB 9586

Moderne Sagen. Unglaubliche Geschichten. 96 S. UB 15052

Motivgleiche Gedichte. 155 S. UB 15038

Parabeln. 80 S. UB 9539

Phantastische Geschichten. 96 S. UB 9555

Philosophie und Sprache. 173 S. UB 9563

Philosophische Anthropologie. 168 S. UB 15012

Politische Lyrik. Deutsche Zeitgedichte des 19. und 20. Jahrhunderts. 88 S. UB 9502

Popliteratur. 172 S. UB 15053

Prosa des Expressionismus. 173 S. 8 Abb. UB 15034

Rap-Texte. 126 S. UB 15050

Rhetorik. 152 S. UB 15021

Satirische Texte. 176 S. UB 9525

Schulgeschichten. 80 S. UB 9551

Spieltexte
- 5.-7. Schuljahr. 92 S. UB 9576
- 8.-10. Schuljahr. 96 S. UB 9585

Sprachspiele. 87 S. UB 9533

Theater spielen. Anregungen, Übungen, Beispiele. 160 S. 16 Abb. UB 9588

Theorie der Kurzgeschichte. 96 S. UB 15057

Theorie der Lyrik. 147 S. UB 9594

Theorie der Novelle. 75 S. UB 9524

Theorie des Dramas. 144 S. UB 9503

Theorie des Kriminalromans. 88 S. UB 9512

Theorie des Romans. 151 S. UB 9534

Theorie und Praxis des Erzählens. 192 S. UB 15009

Utopie. 174 S. UB 9591

Verliebt. Zwölf Geschichten. 144 S. UB 15048

Das Wahrheitsgebot oder: Muß man immer die Wahrheit sagen? 79 S. 5 Abb. UB 9579

Wahrnehmen – staunen – begreifen. 176 S. UB 15045

Werbetexte / Texte zur Werbung. 87 S. UB 9522

Philipp Reclam jun. Stuttgart

Geschichte der Philosophie in Text und Darstellung

Band 1: *Antike.* Hrsg. von W. Wieland. 407 S. UB 9911
Band 2: *Mittelalter.* Hrsg. von K. Flasch. 543 S. UB 9912
Band 3: *Renaissance und frühe Neuzeit.* Hrsg. von St. Otto. 479 S. UB 9913
Band 4: *Empirismus.* Hrsg. von G. Gawlick. 448 S. UB 9914
Band 5: *Rationalismus.* Hrsg. von R. Specht. 440 S. UB 9915
Band 6: *Deutscher Idealismus.* Hrsg. von R. Bubner. 443 S. UB 9916
Band 7: *19. Jahrhundert.* Positivismus, Historismus, Hermeneutik. Hrsg. von M. Riedel. 463 S. UB 9917
Band 8: *20. Jahrhundert.* Hrsg. von R. Wiehl. 546 S. UB 9918
Band 9: *Gegenwart.* Hrsg. von P. Stekeler-Weithofer. 496 S. UB 18267

»Diese Unternehmung besticht durch einen gescheiten Ausweg aus dem Dilemma, in das uns die Einsicht führt, daß es einen unparteiischen Standpunkt vielleicht nur für den lieben Gott gibt. Sie verfügt über eine Konzeption, die die je verschiedene Eigenart der geistigen Standpunkte und Perspektiven schon durch die Kombination der literarischen Gattungen herausstellt. Die Brauchbarkeit für das philosophische Bildungswesen wird dadurch sehr gefördert. Besonders für die neu gestaltete Oberstufe des Gymnasiums, in der dem Fach Philosophie eine besondere Bedeutung zukommt, scheint die Mischung von Text und Darstellung geeignet.
Der Philosophieunterricht, der sich dieses Angebot zunutze macht, stellt die geistespolitischen Kategorien bereit, die für das Verständnis der westlichen Staatstheorien im Fach Gemeinschaftskunde erforderlich sind.«

Eckhard Nordhofen, F. A. Z.

Philipp Reclam jun. Stuttgart